Tanz und Spiritualität

Gereon Vogler / Josef Sudbrack / Emmanuela Kohlhaas

Tanz und Spiritualität

Matthias-Grünewald-Verlag · Mainz

Der Matthias-Grünewald-Verlag ist Mitglied
der Verlagsgruppe engagement

Die Deutsche Bibliothek – CIP-Einheitsaufnahme

Tanz und Spiritualität / Gereon Vogler ; Josef Sudbrack ;
Emmanuela Kohlhaas. – Mainz : Matthias-Grünewald-Verl.,
1995
    ISBN 3–7867–1819–9
NE: Vogler, Gereon; Sudbrack, Josef; Kohlhaas, Emmanuela

Abbildung: Tanz der Salome, Christussäule im Dom zu Hildesheim
Umschlag: Susanne Schneider, Groß-Gerau
Druck und Bindung: Fuldaer Verlagsanstalt, Fulda

ISBN 3–7867–1819–9

Inhalt

6

Einführung

Gereon Vogler

Wer über den Tanz spricht oder schreibt, gerät leicht ins Schwärmen. Es ist gar nicht so einfach, einmal ganz sachlich und nüchtern über ihn nachzudenken. Es scheint, als besäße der Tanz eine eigene Dynamik und eigene Größe, die fast jede und jeden in seinen Bann zögen. Bei nicht wenigen Menschen wird er darum als etwas ganz Großes, Erhabenes, ja etwas *Heiliges* empfunden. Für viele, denen das Tanzen nicht nur einfach als Ausdruck der Geselligkeit oder als kultureller Wert gilt, hat der Tanz etwas oder sogar sehr viel Religiöses an sich. Nicht nur, daß er bei Naturvölkern fester Bestandteil des religiösen Kultes wäre; es muß auch zu denken geben, daß in Erlebnisschilderungen des modernen Ausdruckstanzes religiöse Aspekte genannt werden. Und ein noch recht junges Tanzverständnis der Gegenwart nennt sich expressis verbis „Sakraler Tanz".[1] Ja mehr noch: Nachdem es bereits früher immer wieder Ansätze gegeben hatte, über ein geistliches oder ganz allgemein sakrales Tanzen nachzudenken[2], können wir heute von einem regelrechten *Aufbruch* innerhalb und außerhalb der Kirchen in bezug auf sakral-meditativen, liturgischen, biblischen u.ä. Tanz sprechen. Katholiken- wie Kirchentage sind ohne differenzierte Formen sakralen Tanzens nicht mehr vorstellbar, Bildungs- und Exerzitienhäuser weisen solche Angebote mit Regelmäßigkeit und zunehmender Häufigkeit im Programm auf, und die Zahl der Kreise, die ihre Tänze als „sakral" bezeichnen, ist kaum noch überschaubar.

Eine derartige Aufmerksamkeit an einer religiösen Praxis des Tanzes

---

[1] M.-G. Wosien 1988.
[2] Vgl. Vogler 1992b; seit dem Ende des 19. Jahrhunderts hat es durch die Jahrzehnte hindurch eine Fülle von Aufsätzen gegeben, die mit wenigen Ausnahmen (wie zum Beispiel Hugo Rahner) kaum beachtet worden sind. Allerdings haben viele davon einen missionswissenschaftlichen Ausgangspunkt.

wie die gegenwärtige hat es, was das Christentum angeht, nie gegeben, sie ist einzigartig. Im Gegensatz zu dieser Feststellung wird üblicherweise immer wieder angeführt, das heutige Bemühen sei ein Anknüpfen an frühere „bewegte" Zeiten, und das Christentum sei nicht immer so leibfeindlich eingestellt gewesen. Als Belege werden in der Glaubensgeschichte versprengte Episoden oder Personen angeführt, bei denen sich ein religiöses Tanzen wohl ausmachen läßt. So wird unermüdlich der vor der Bundeslade tanzende König David als ein Ur-Beleg für den religiösen Tanz genannt – obwohl er denkbar ungeeignet ist für das heutige Bemühen um den sakralen Tanz! Denn es ist kaum anzunehmen, daß heute jemand ernsthaft einen rasend tanzenden, nackten Mann zum Beispiel in einer Kirche vor dem Tabernakel begrüßen würde und daran etwas Modellhaftes fände. Aus dem antiken Christentum hat Hugo Rahner zwar in seinem schönen Bändchen „Der spielende Mensch"[3] zahlreiche Äußerungen über das Tanzen gesammelt, die sehr viel Wertschätzung enthalten. Dennoch ging es da stets um ein himmlisches und gerade nicht um ein greifbares irdisches Tanzen. Vielleicht ließe sich das jedoch von den Kanonikern behaupten, die in einigen französischen Kathedralen des Mittelalters würdigen Schrittes in die Liturgie hineingetanzt sind. Doch sollte man nicht glauben, daß das eine Epoche oder die Kirche insgesamt geprägt hätte. Josef Sudbrack wird in seinem nachfolgenden Beitrag aufzeigen, daß der religiöse Tanz nie über den Status eines Randphänomens hinauskam. Und was es an Tanz und Bewegung im Leben der Kirche gegeben hat, entsprang in der Regel einer ganz anderen Perspektive vom Glauben als der unsrigen. So ist zum Beispiel die heute noch faszinierende Echternacher Springprozession nicht ein bewußt gewähltes Mittel zu einer bewegten Gottesdienstfeier gewesen, sondern schlichtweg eine Bußübung.

Von daher ist es schwierig bzw. nicht sehr sinnvoll, hier wieder einmal die Vergangenheit zu vergolden und die Gegenwart zu beklagen, denn Zeiten können sich auch bessern. Wahrscheinlich hilft es uns mehr, einmal festzuhalten, daß in den letzten zwanzig Jahren in den Kirchen vermutlich ein Mehrfaches von dem getanzt worden ist, was die Kirchengeschichte insgesamt aufzuweisen hat! Freilich ist das Bemühen um Tanz, Bewegung

[3] Einsiedeln 1952.

10

und Leiblichkeit im christlichen Glauben auch heute noch weithin ein Randphänomen, verglichen mit zum Beispiel der Kirchenmusik oder der Religionspädagogik. Aber allem Anschein nach ändert sich das in unseren Tagen grundlegend. Davon wollen die Beiträge dieses Bandes Zeugnis geben.

Wie kam es nun aber dazu, daß Tanz und Liturgie bzw. Spiritualität zusammenfanden oder doch im Begriff sind, heute in ihrem Zusammenhang endlich tiefer verstanden zu werden?

Unsere Antwort ist die, daß diese beiden Sphären wahrscheinlich überhaupt nie tatsächlich so weit voneinander entfernt waren, wie es den Anschein hatte! Denn es muß ja einen tieferen Grund dafür geben, daß von der Antike an durch das Mittelalter hindurch bis in die Gegenwart ausgerechnet der *Tanz* von den Verkündigern des christlichen Glaubens als *das* Bild für das erlöste Dasein bei Gott verwendet wurde, und zwar im Motiv des himmlischen Reigens der Engel und der Seligen. Für das Verweilen im Angesichte Gottes, also dem Ziel allen christlichen Bemühens, schien gerade der Tanz in seiner Anmut, Leichtigkeit und Freude als adäquate Illustration der himmlischen Erlösung und Erfüllung aller menschlicher Sehnsucht, Freiheit und Harmonie besonders geeignet zu sein. Darin waren die Kirchenväter einer Meinung – wie sie ebenso gleichförmig das irdische Tanzen vehement verwarfen. Exemplarisch sei nur der heilige Johannes Chrysostomus (344/354–407) genannt, der schreibt: „Nicht zum Tanzen hat uns ja Gott die Füße gegeben, ... sondern damit wir mit den Engeln den Chorreigen bilden."[4] Daß im Himmel in wunderbarer Weise getanzt (und nicht etwa vorgelesen oder herumgesessen) werden würde, war den Geistlichen und Gläubigen durch alle Jahrhunderte stets plausibel. Während man vehement das irdische Tanzen ablehnte, so lehrte man erstaunlicherweise jedoch gleichzeitig, daß gerade das Tanzen jene Eigenschaften beinhaltete, die dem himmlischen Dasein am nächsten kamen. Selbst die Erfahrung all der negativen Begleiterscheinungen des Tanzes sowie sein gesamtkirchliches Negativ-Image, die die Kirchenvertreter alles irdische Tanzen weit von sich weisen ließen, vermochten es nicht, die Vorstellung eines himmlischen Tanzes zu erschüttern, geschweige denn, sie zu vertreiben. Trotz des völligen Ausfalls – mit

---

[4] Johannes Chrysostomus, Mt hom. 48, BKV² Bd. XXVI, 72 (PG LVIII, 491).

gewissen Ausnahmen in der Renaissance[5] – eigener positiver Erfahrungen „blieb die urmenschliche Sehnsucht nach der Teilnahme am lichten Chor der Engel"[6] als ein Traum der Glaubenslehrer bestehen.

Ein Symbol kann scheinbar noch so weit von der eigenen Lebenspraxis entfernt gewählt werden, allein die Tatsache, daß man es verwendet, spricht schon dafür, daß damit doch ein Bezug zum eigenen Denken und Empfinden gegeben ist. Die Allegorie des himmlischen Reigens beschreibt nicht nur das Wesen eines guten Tanzens, sondern sagt vor allem etwas über diejenigen aus, die dieses Bild verwenden. Auch wenn sie aus moralischen Gründen das Tanzen nicht praktizierten, müssen sie doch Sehnsucht danach gehabt haben. Denn die Bilder vom Himmel erzählen etwas von dem, was Menschen fehlt. Wenn im Himmel „getanzt" wird, dann ersehnt man das Tanzen – sonst käme das Tanzen nicht dahin! So hätte wohl auch der Tanz bei manch großer Gestalt des Glaubens zum Leben dazugehört, wenn es durch das gesellschaftliche Treiben einerseits und die unkreative kirchliche Ablehnung andererseits nicht so unmöglich gewesen wäre. Denn alles sonstige christliche Leben und sämtliche geistliche Erfüllung boten eben das nicht, was wohl nur der Tanz in seiner idealen Gestalt erfahren ließe.

Damit sagt die Allegorie etwas über die Bedeutung des Tanzens als Schule des Glaubens bzw. des Lebens aus: Selbst wenn die letzte Erfüllung aller Sehnsüchte tatsächlich immer noch dem Leben jenseits der irdischen Begrenztheit vorbehalten bleiben wird, kann (und soll!) unser jetziges Dasein dennoch schon manchen Anbeginn himmlischer Freuden schenken für den, der sich dafür öffnet. Wer das nicht tut, dem bleibt nichts anderes, als die eschatologische Erfüllung seiner Defizite zu ersehnen und an einem Teil der Schönheit des Lebens vorbeizugehen. Wenn nun manches Erleben von Harmonie, Leichtigkeit, Schönheit und Freiheit dem Tanzen und damit den Tanzenden vorbehalten zu sein scheint, mag es von daher besser sein, schon heute im irdischen Tanz ein Stück himmlischer Leichtigkeit zu pflegen! Sich auf die uns geschenkte Erlösung bereits im Heute – tanzend – anfanghaft einzulassen, müßte das irdische

[5] Vom geistlichen Schauspiel und höfischen Tanz her kommend, konnte das hohe Mittelalter durch Spiele und Tänze geistliche Aussagen und Bilder erfahrbar machen.
[6] H. Rahner 1952, 67.

Leben zum Guten verändern, es müßte leichter und schöner werden. Richtig verstanden tanzen zu können gehört also zur christlichen Glaubens- und Lebenskunst dazu.

Die historische kirchliche Polemik gegen den Tanz aus seinem Negativerlebnis heraus kann man somit durchaus als ein Stück Tragik verstehen – nicht nur für manche der verunglimpften Tanzbegeisterten (die vielleicht dann trotzdem weltlich weitertanzten), sondern mehr für die, die sich den Tanz als etwas unendlich Schönes vorstellen konnten, aber nur für den Himmel. Es war nicht ihre Welt und entsprach nicht ihrer Erfahrung. Deshalb mußte es bis in die jüngste Zeit hinein bei den allegorisierenden und freundlich-distanzierten Aussagen über das Tanzen bleiben. Josef Sudbrack vergleicht diesen nur symbolhaften Umgang der Religiösen mit dem Tanz mit dem Erleben „eines fernen Bühnengeschehens vor dem zögernd mitgehenden Zuschauer" und attestiert völlig zu Recht selbst bei dem, dem wir wohl am meisten diese Überlieferung verdanken, nämlich Hugo Rahner, in bezug auf Spiel und Tanz das „Lächeln einer resignierenden Altersreife".[7] Vielleicht ist Hugo Rahner auch der letzte derer gewesen, die in dieser resignativen Tradition der spirituellen Betrachtung und Distanz des irdischen Tanzes standen. Denn das Bedauern oder die Resignation, die bei dieser distanzierten Betrachtung mitschwang, wich seitdem einer schon heftig zu nennenden Sehnsucht nach dem konkreten Tun. Zunächst mußte noch fast beschwörend immer wieder auf das religiöse Tanzen der alttestamentlichen Juden oder der Afrikaner, der nordamerikanischen Indianer und Schwarzen oder der Inder verwiesen werden, weil die eigenen Erfahrungen fehlten.[8] Der eigene Zugang der Geistlichen, aber auch der Gemeinden war in jeder nur denkbaren Weise verschüttet. Es war und es ist noch immer nicht leicht, zu praktischen Erfahrungen und zu einer eigenen Kompetenz zu kommen.

Die Liturgiereform des II. Vatikanischen Konzils hatte in der katholischen Kirche die Tür dazu aufgestoßen, Liturgie als gemeindlichen Handlungsraum und Geschehen zu verstehen, in dem Beteiligung und Bewe-

---

7 Sudbrack 1975, 388.
8 Das ließe sich endlos belegen. Exemplarisch sei Cox [4]1972, 69ff, sowie sogar Sudbrack 1975, 389–392, genannt, der auf die Indianer verweist.

gung nicht nur von klerikaler Seite ihren Platz finden durften. So begannen viele Engagierte, die Möglichkeiten ihrer Beteiligung durch zeitgemäßere Formen von Musik und Sprache zu erweitern. Das Neue Geistliche Lied sowie zahllose Texte meditativer oder politischer Absicht entstanden. Diese Entwicklung konvergierte mit dem Wunsch aus dem evangelischen Raum, von der Verschultheit der Gottesdienste wegzukommen.[9] Bei diesen Neuerungen spielte zunächst der Tanz noch nahezu überhaupt keine Rolle, da die Voraussetzungen im musikalischen und verbalen Bereich weitaus besser waren und „Beatmessen" oder „Politische Nachtgebete" die Gemüter ausreichend beschäftigten. Allerdings blieb dabei der Wunsch nach vermehrtem leiblichem Ausdruck und dem Reichtum des Tanzes deutlich spürbar, der erst ganz allmählich entsprechende Antworten fand. Die allgemeine Vorbild- und Hilflosigkeit im Umgang mit einem liturgischen oder außerliturgischen sakralen Tanzen spiegelte sich einerseits in der weitgehend biblisch bzw. historisch fixierten Reflexion und in eben dem Hinweis auf außereuropäische Bräuche wider.[10] Andererseits führten sie zu defizienten praktischen Formen wie Bewegungsliedern (d.h. bewegungsmäßig illustrierten Liedtexten) und zur Beschränkung auf Gebärden.[11] Erst im Laufe des letzten Jahrzehnts weitete sich das Spektrum des liturgischen und biblisch-szenischen Tanzes erheblich aus.[12]

Vielleicht wäre das Bemühen um den Tanz in der Liturgie noch geraume Zeit ebenso kleinschrittig weitergegangen wie die gesamte Realisierung der Liturgiereform, vielleicht sogar noch mühsamer, ist doch der Tanz die eindeutig einfordernste Weise der liturgische Beteiligung und kann sich außerdem weder auf Traditionen noch Institutionen stützen. Einen ganz neuen Impuls mit durchschlagender Wirkung erhielt das religiöse Tanzen jedoch dadurch, daß außerkirchlich der Tanz als erklärt sakrale Medita-

[9] Vgl. zum Beispiel die Intentionen und die Konzeption der Liturgischen Nacht des Kirchentages 1973 in: Arbeitskreis für Gottesdienst und Kommunikation 1974, 127ff.
[10] Zum Beispiel Schneider 1986 u. 1990, Berger 1985a.
[11] Vgl. Rahner 1952; Cox 41972; Baumgartner 1974; Sudbrack 1975 u. 1979a; Ruß 1979; Berger 1985b.
[12] Vgl. Sequeiras Aktivitäten auf Katholiken- und Kirchentagen, Horsch u.a. auf dem Katholikentag 1986, Berger 1985a, Voss 1989, Gottesdienste u. Veranstaltungen von Lydia Baßler, Manfred Büsing, Hilda-Maria Lander, Gisela von Naso, Marlies Ott, Gertrud Prem, Manfred Schnelle, Viktor Scholz, Sr. Irenäa Winkel OSB, Martin Wolf, Gereon Vogler u.v.a.m.; erwähnenswert ist auch John Neumeier mit der Matthäus-Passion 1980.

tion und sakrale Praxis „entdeckt" wurde: im „Meditativen" bzw. „Sakralen Tanz" in der Schule des Ballettmeisters Bernhard Wosien (1908–1986). Etwa seit 1978 lehrte Bernhard Wosien südosteuropäische Volkstänze sowie neue Schrittfolgen zu ruhiger klassischer Musik als die „Meditation des Tanzes" im Sinne eines „esoterischen Weges" und einer „Selbsterfahrung".[13] Nach seinem Tode führte u.a. Wosiens Tochter Maria-Gabriele Wosien seine Tradition fort und akzentuierte die meditative Tanzweise als „Sakralen Tanz"[14], bei dem von den Kreistänzen her dem Kreis als Ort der Begegnung mit einem „Göttlichen" zentrale Bedeutung zukommt. Vieles mutet hier recht merkwürdig an und hält in seiner esoterischen oder synkretistischen Herleitung bald kaum einer Nachfrage stand. Nicht jedoch wegen dieser Lehre, sondern wegen der psychisch wohltuenden und ergreifenden Weise dieses Tanzens und wegen seiner sakralen Interpretation haben sich inzwischen in Deutschland und Großbritannien, in der Schweiz, in Holland und in Österreich eine nicht mehr überschaubare Zahl von Gruppen gebildet, die den „Sakralen" oder „Meditativen Tanz" pflegen.

Bei aller Fragwürdigkeit der sakral-meditativen Tanzbewegung ist jedoch nicht nur anzuerkennen, daß hier eine echte neue Tanzspezies, nämlich eben eine meditative, entstanden ist, die für viele Menschen einen ganz neuen Zugang zum Tanz ermöglicht. Vor allem ist zu konstatieren, daß damit erstmals die Basis für eine *spirituelle Praxis des Tanzes* geschaffen wird.

Dieses Phänomen des Meditativen Tanzens begegnete und begegnet nun sowohl denjenigen, die nach liturgischen Tanzformen suchen, als auch denjenigen, die Ballett und Ausdruckstanz im Raum der Kirche realisieren wollen. Dieses Zusammentreffen fand sogar einen benennbaren Ort, nämlich das Symposium „Heiliges Tanzen" in Mönchengladbach 1991, wo die drei genannten Gattungen sakralen Tanzens bewußt zusammengeführt wurden und das zunächst einmal enttäuschende Ergebnis brachten, daß sie so nicht vereinbar waren.[15] Das führte dazu, daß das eigenständige Bemühen um liturgischen Bewegungsausdruck intensiv

---

[13] B. Wosien 1988, 96, 22, 1.
[14] M.-G. Wosien 1988.
[15] Vogler 1991, 99, 101, 108.

vorangetrieben wurde.[16] Gleichzeitig nahm aber auch die Zahl derer drastisch zu, die Anregungen und Choreographien aus dem Meditativen Tanzen in gottesdienstlichen Feiern, insbesondere in Frauengottesdiensten, einbrachten. Inzwischen gibt es eine unendliche Fülle von Versuchen vor Ort, Liturgie tänzerisch oder mit Gebärden zu gestalten, entweder von der Liturgie her oder vom Meditativen Tanzen aus. Scheinbar also konvergieren die sakralen Tanzgattungen. Leider jedoch ist dem nicht so, selbst wenn viele – vor allem die kirchlich orientierten Anhängerinnen und Anhänger des Meditativen Tanzens – das meinen. Dazu ist das ideelle Verständnis und die spirituelle Grundlage des letzteren zu beliebig bzw. diffus und so nicht konsensfähig – wohl die gravierendste Schwäche des Meditativen Tanzens! Aber ganz gleich, ob es sich um dieses ungeklärte Tanzverständnis handelt oder um ein ausdrücklich christliches: Es ist der entscheidende Wandel eingetreten! Endlich wird Tanz im europäischen Christentum nicht mehr als eine Allegorie für Jenseitiges, sondern als *spirituelle Praxis* verstanden und ausgeübt. Damit hat ein neues, noch ganz bescheidenes Kapitel der Spiritualitäts- und Liturgiegeschichte begonnen. In diesem Kapitel stehen wir noch ganz am Anfang, weil diese Praxis noch in vielem der Erprobung bedarf. Auf der anderen Seite spricht die Vehemenz und Breite dieses Aufbruchs im sakralen Tanzen für die Tatsache eines bisherigen Defizites, das nun heftig wahrgenommen und dessen Nachholbedarf zu sättigen gesucht wird. Das ist nur allzu verständlich angesichts der Kirchen- und Spiritualitätsgeschichte sowie der vielfältigen Kritik an der verbalen Überfrachtung der Liturgie und des Glaubensvollzuges.[17] Insofern ist ein solches Phänomen eine gute Chance, Unterlassungen der Vergangenheit zu korrigieren, und sollte darum nach Kräften gefördert werden. Andererseits steht aber auch ein solcher Aufbruch generell in der Gefahr, in seiner überschwenglichen Begeisterung etwas zu überhöhen und zu behaupten, was bei kritischem Hinsehen schwerlich zu halten ist. Zudem kann die Neuentdeckung schnell zu einer Modeerscheinung werden, der nur eine kurze Konjunktur beschieden ist und die dann wieder in Vergessenheit gerät, was einer historischen

[16] Vogler 1992a; vgl. auch die entsprechenden Bemühungen des Deutschen Liturgischen Institutes mit der Studientagung 1992, 1993 Gründung des Arbeitskreises „Bewegung in der Liturgie".
[17] Vgl. Lang 1984 und Lorenzer 1981.

16

Fehlentwicklung gleichkäme. Solche Befürchtungen sind nicht von der Hand zu weisen, denn ein derart schnell wachsendes Phänomen wie das des sakralen Tanzes ist bisher viel zuwenig bedacht und erprobt worden, um durchweg auf soliden Füßen zu stehen bzw. die Kritiker und vor allem die vielen Vorsichtigen überzeugen zu können. Überdies kann man über einen regelrechten Markt mit schillernden Angeboten staunen, auf dem sich ursprünglich Christliches mit Esoterischem und Naturreligiösem mischt.[18] Dennoch soll hier nicht der vornehmliche Ort der Kritik sein. Vielmehr bedarf es dringend einer erheblich tiefergehenden und grundlegenden Erörterung dieser Entwicklung. Bislang ist nämlich die Reflexion über diesbezügliche wesentliche Fragen seitens der Theologie höchst unrühmlich vernachlässigt und seitens der sakral Tanzenden – man wollte um jeden Preis weg von jeglicher „Verkopfung" – vehement, ja polemisch abgewehrt worden. Dabei steht doch nicht weniger als die Frage zur Diskussion, ob das gegenwärtige Bemühen um den sakralen Tanz helfen kann, endlich die *Fleischwerdung* Christi, Grundlage unseres Erlösungsglaubens, mit allen ihren Konsequenzen für unsere Leibgebundenheit zu realisieren und damit eine der große Hypotheken der Glaubensgeschichte abzutragen. Gerade in der gegenwärtigen „Verdunstung des Glaubens" spielt offensichtlich die Frage der Leiblichkeit für die Glaubwürdigkeit und Akzeptanz der Kirche eine entscheidende Rolle. Davon abgesehen kann es vom Glauben wie von seiner Reflexion nicht angehen, daß eine solche – wegen der Inkarnation grundlegende – Thematik und Problematik wie die der Leiblichkeit auf Dauer nahezu ausschließlich in der Perspektive der *Abgrenzung* oder Negativ-Wertung gehandhabt wird. Eine solche einseitige Praxis muß notwendigerweise zu einer Fehlbehandlung führen und hat dies zum Beispiel im Bereich der Moraltheologie bekanntlich mit großem Schaden getan. Aber auch in Liturgie und Spiritualität ist es auf Dauer nicht verantwortbar, Leiblichkeit und ihre konkrete Ausübung nicht als positiven Topos zu kennen. Während die Schrift davon spricht, daß das Wort Fleisch wurde (Joh 1,14), verbleibt spirituell und

[18] Charakteristisch für diesen Markt ist die Zeitschrift KREISEZIEHEN, die dichtgedrängt seitenweise Tanzangebote und deren Leiterinnen und Leiter incl. Fortbildungsangebote zu „Sacred Dance-LehrerInnen" bietet. Redaktionell tendiert die Zeitschrift in letzter Zeit deutlich ins Naturreligiöse: „Ritualfrauen" berichten von „Kräutertänzen" in Verbindung mit dem Sommersonnenwendfest usw.

liturgisch das Wort weithin als Wort bzw. als Worte. Damit wird in gewisser Weise die menschliche Existentialität der Erlösung paralysiert, denn diese geschieht immer auch leiblich.

Darum scheint es in der Tat gewichtige Gründe zu geben, das Phänomen „Tanz und christlicher Glaube" vermehrt und vor allem auch grundsätzlich in den Blick zu nehmen. Dabei soll hier in erster Linie die existentielle und praktizierte Dimension des Glaubens, also die *Spiritualität*, in bezug auf den Tanz betrachtet werden.

Die folgenden Beiträge sind im Zusammenhang mit der *3. Mönchengladbacher Tagung zum sakralen Tanz* (April 1993) entstanden, die den Titel „Kontemplation und Tanz – ein Spannungsfeld" trug. Sie dokumentieren das aktuelle Bemühen um die theologische Reflexion einer leibintegrativen Spiritualität und wollen dazu einladen, Spiritualität und Theologie ganzheitlicher zu gestalten und den neuen Entwicklungen des liturgischen und sakral-meditativen Tanzens differenziert zu begegnen. Vor allem aber möchten sie Mut und Lust machen, sich selbst auf eine bewegte und bewegende Spiritualität einzulassen.

Der Tanz in der Geschichte der christlichen Spiritualität

Josef Sudbrack SJ

Es scheint spießbürgerlich, ja menschenverachtend zu sein, sich mit Tanz zu beschäftigen, während die Welt voller Schreckensnachrichten ist: mörderische Kriege im ehemaligen Jugoslawien, in Somalia, Ruanda, Jemen, Unruheherde in Indien, Südamerika, Krawalle bei uns in Deutschland; neue fürchterliche Krankheiten wie AIDS, Cholera; Naturkatastrophen, die wohl aus von Menschenhand gemachter, ökologischer Mißwirtschaft stammen, und vieles andere.

Doch dann begegnen einem Psalmenverse wie (30,3.11f):

Herr, mein Gott, ich habe zu dir geschrieen,
und du hast mich geheilt.
Höre mich, Herr, sei mir gnädig!
Herr, sei du mein Helfer!
Da hast du mein Klagen in Tanzen verwandelt,
hast mir das Trauergewand ausgezogen
und mich mit Freude umgürtet.

Tanzen als Heilung, als Rettung, Tanzen als Hilfe in der Not.

Ich erinnere mich an einen Gottesdienst, den ich 1972 im New Yorker Harlem miterleben durfte. Es war wohl eine Baptistengemeinde. Ein Freund hatte mich dorthin mitgenommen. Der erste Eindruck war ein unbeschreibliches Chaos: Stimmengewirr, wirbelnde Leiber; alles war Bewegung, ohne Ordnung, ohne erkennbare Struktur. Ein jeder sprang und sang so, wie er wollte. Doch das war nur der erste und falsche Eindruck. Ich versuchte, mich in das Chaos hineinzubegeben, ein klein wenig mitzusingen, mitzuschwingen im größeren Rhythmus; und fast automatisch wurde ich in eine organische Ordnung hineingezogen. Ihr Rhythmus durchlebte wie ein Pulsschlag die Gemeinde der Black-Americans. Ich spürte, was der französische Philosoph Henri Bergson mit seinem Bonmot meint: Es gibt im Leben keine Unordnung, sondern nur die statische und die oft verkannte dynamische, lebendige Ordnung. Das in Harlem Erlebte war solch eine dynamische Ordnung; jeder messende Maßstab – womit das Wort Maß durch die Tautologie parodiert sein soll – zerbricht an ihr. Auch meine statische Vorstellung von Ordnung wurde durch die lebendige Erfahrung korrigiert.

Tatsächlich nahm ich, wie meine schwachen Amerikanisch-Kenntnisse schnell realisierten, an einem Trauergottesdienst teil. Die Schwarzamerikaner legten ihr Leid, ihren Schmerz in ihr Tanzen hinein. Sie hätten mir wahrscheinlich gesagt: Wie kann man eine Trauer menschlich bestehen, wenn man sie nicht tanzt? Sie hätten mir vielleicht einen „Blues" vorgesungen und tanzend gezeigt: Nur so erreicht die Trauer den Innenraum des Menschen; nur im Tanz bleibt die Trauer nicht an der Schwelle der Existenz stehen; und nur im Tanz wird die Trauer – zwar nicht geringer, oft ganz im Gegenteil!, aber – lebbar, sie wird menschlich.

In ihrem hilfreichen Buch „Trauer und Abschied" haben Hilda Maria Lander und Maria-Regina Zohner Wege zu einer solchen Bewältigung von Leid und Schmerz vorgestellt.[1]

1. Religiöses Tanzen im Abendland als Randgruppen-Phänomen

Von solchen Erfahrungen her meint man spontan: Religiöser Tanz ist eine Selbstverständlichkeit. Als ich mich 1975 darüber schriftlich äußerte[2], war ich erstaunt, wie fremd dies – trotz Hugo Rahner und Romano Guardini – dem christlichen Bewußtsein in Deutschland war. So fremd, daß ausgerechnet ich – ein Randbeobachter der Szene und, als schwer Kriegsversehrter, ein Nichttänzer – als offizieller „Fachmann" zu dem faszinierenden Ereignis eingeladen wurde, als nämlich die Hamburger Staatsoper unter John Neumeier am 15. 11. 1980 im großen Sankt Michel mit Original-Orchester und -Chor die Matthäus-Passion Johann Sebastian Bachs tanzte.[3] Doch das war – wie vieles, was kirchlicherseits

[1] Lander/Zohner 1992.
[2] Sudbrack 1975 (und vgl. 1982b).
[3] Vgl. Sudbrack 1981a.

angeboten wird – „nur" angeschauter, nicht aber mitvollzogener Tanz! Die Zeit ist glücklicherweise vorangeschritten, und die Literatur zum religiösen Tanz häuft sich. Doch noch vor wenigen Jahren, als ich auf dem offiziellen Exerzitien-Kongreß der deutschen Diözesen „Tanzen" als Exerzitien-Meditation anbot, kam mir gerade von den Exerzitienspezialisten Widerstand entgegen. Der Erfolg rechtfertigte diesen Versuch allerdings ganz und gar.

Warum nun macht das religiöse Tanzen in der christlichen Tradition und in der christlichen Gegenwart solche Schwierigkeiten? H. Lesétre zeigt im „Dictionnaire de la Bible", daß im biblischen Hebräisch fünf oder gar acht Verben für das Tun des Tanzens stehen können.[4] Allerdings läßt die Einheitsübersetzung, die den fülligen Sinn der Originalworte gerne auf die minimale Sinnbasis reduziert, diesen Reichtum nicht mehr erkennen. Das „Jubeln" von Psalm 32,11 zum Beispiel müßte eigentlich heißen: „Springt vor Freude". Der Bibliker Bernhard Lang zeigt: In der jüdischen Synagogen-Frömmigkeit ist – ähnlich wie besonders in der Entwicklung des reformierten Christentums – „der Gottesdienst zum Unterricht geworden, der Priester durch den Lehrer ersetzt, der Tänzer habe dem Leser Platz gemacht."[5] Das Judentum durchbrach diese „Buchhalter"-Tendenz[6] besonders in der Volksreligiosität des Chassidismus. Im stärker theologisierten Christentum blieben solche Tendenzen am Rande stehen.[7] Auch im Islam wurde das „sama'" (eng-wörtlich „hören", von den tanzenden

---

[4] Art. Danse 1926. Berger, 1985b (16–22), gibt eine für jeden greifbare, wenn auch verständlicherweise unvollständige Übersicht.

[5] Lang 1984, 29f. Darin beschreibt er die Logik dieser Entwicklung: „Eine erste Bedingung für die Herausbildung intellektueller Rituale ist die emotional hoch geladene Prophetie, die älteres Religionswesen als orgiastisch oder sakramentalistisch verwirft, indem sie rational geordnetes, sittliches Leben als gottgeboten predigt ... ‚Irrationale' Bestandteile werden ausgeschieden oder wenigstens zurückgedrängt. Man tanzt nicht mehr. Wortrituale und Buchrituale entstehen ... Sobald ein Kult zur Religion der Mehrheit oder zur Staatsreligion aufsteigt, genießen ihre intellektuellen Rituale besonderes Ansehen und werden von einer gebildeten Priester- oder Predigerschaft gefördert. Damit gerät die Welt des Kults und der Religion überhaupt in den Sog einer steigenden Betonung der Vernunft ... (Max) Weber nennt diesen Vorgang ‚Rationalisierung' und ‚Intellektualisierung' " (12f).

[6] Vgl. die Kritik des Psychoanalytikers Alfred Lorenzer an der liturgischen Reform des II. Vatikanischen Konzils (Lorenzer 1981).

[7] Man vgl. die Bewegungen der Quäker und der Shaker, dazu die Bilder von tanzenden Shakern in: M.-G. Wosien 1974, 107, oder bei Hoffmann 1991, 57; danach gleicht der Shaker-Tanz eher dem Exerzieren preußischer Soldaten als der gelösten Lebendigkeit freudigen Gebetes.

Derwischen als ekstatisches Musik-Hören in der drehenden Tanzbewegung gedeutet) mit Mißtrauen betrachtet: „Die Orthodoxen pflegten jede musikalische und rhythmische Unterhaltung zu bannen, und manche ‚nüchterne‘ Orden, wie die Naqshbandiyya, folgten ihrem Beispiel. Andere sahen im sama' den Weg, das religiöse Gefühl des Frommen in eine bestimmte Richtung zu lenken; und es war gerade die musikalische Seite einiger Bruderschaften, die große Mengen von Menschen anzog."[8]

Innerhalb des Raumes der abrahamitischen Religionen läßt sich keine durchgehende und offiziell legitimierte Tradition des religiösen Tanzes aufzeigen. Hugo Rahner hat im Schlußkapitel seines „Spielenden Menschen"[9] einige Zeugnisse über den vor Gott tanzenden Menschen gesammelt. Doch wer seine schöne Schrift mit kritischer Unvoreingenommenheit liest, wird auch das offensichtliche Bedauern spüren, das ihn dem Erforscher des christlich-religiösen Tanzes, L. Gougaud, zustimmen läßt: „Nichts beweist oder macht auch nur wahrscheinlich, daß heilige Tänze in der Liturgie der Kirche zugelassen waren, weder in der antiken Zeit noch in den folgenden Jahrhunderten. Zu jeder Zeit ist der Tanz außerhalb des eigentlich offiziellen Kults geblieben."[10]

Rahner hat in charmanter Liebenswürdigkeit den Leser über diesen Mangel hinweggeführt, um die religiöse Kultur des Tanzes für unsere Zeit lebendig werden zu lassen. Das aber ist eine Aufgabe, die immer noch vor uns liegt. Sie ist nicht zu leisten ohne eine ehrliche Konfrontation und Aufarbeitung der zumindest reservierten Haltung der christlichen Kirchen gegenüber dem religiösen Tanz. Teresa Berger hat recht, wenn sie sich gegen A. Ronald Sequeira und andere wehrt, die diese Vergangenheit schönfärben wollen: „Die Haltung der offiziellen Kirche gegenüber dem Tanz war nicht einfach ‚ambivalent‘, sondern eindeutig und übermächtig negativ."[11]

Ich weiß nicht, ob man lächeln oder empört sein soll, wenn man den Artikel „Danse" des monumentalen „Dictionnaire de Théologie Catholique", das lange Zeit als Standardwerk klassischer katholischer Dogmatik galt, in sich windender Gelehrtensprache beginnen sieht: „Man kann

[8] Schimmel 1979, 196–204.
[9] H. Rahner [9]1983.
[10] AaO. 79.
[11] Berger 1985b, 27.

nicht ohne Irrtum behaupten, daß der Tanz für sich allein betrachtet etwas ist, das aus seinem Wesen heraus schon böse, moralisch schlecht sei." Aber...[12] So läuft dann der gesamte, ein kleines Buch bildende Artikel weiter. Es werden eigentlich nur die engen Grenzen gezogen, innerhalb derer das Tanzen – trotz aller Gefahren, die breit geschildert und belegt werden – nicht unbedingt schon schlecht sein muß. Fast gleichzeitig, 1907, schweigt sich die entsprechende „Realencyklopädie für protestantische Theologie und Kirche" über das Thema völlig aus und bringt nur einen mageren, „wissenschaftlich-objektiven" Bericht über den „Tanz bei den Hebräern".[13]

In den umfassenden Artikel des „Dictionnaire des Spiritualité"[14] von 1957 hat sich das Klima geändert. Dort aber nun versucht man, in der Tradition des Christentums eine mehr oder weniger breite Überlieferung des Tanzens aufzuzeigen: Darin zeigt sich die Schwäche der Argumentation.

In der Literatur[15] ist es üblich geworden, als positive Beispiele christlicher Tanzkultur einige „liturgische Tänze"[16] des lateinischen Mittelalters anzuführen. Zwei berühmte von ihnen sollen sich bis heute gehalten haben: Doch der Tanz der „Seises" in der Kathedrale von Sevilla ist wohl eher ein liturgischer Ritus und eine Prozession als das, was man Tanz und Reigen nennt. Als zweiter wird die Echternacher Springprozession angeführt. Ich selbst habe sie noch vor dem zweiten Weltkrieg mitgemacht, allerdings als Bußübung (oder mit jugendlichem Elan als sportliches Ereignis), doch keinesfalls als Tanz und Reigen erlebt. Als Askese und Bußübung war diese Prozession wohl auch von Anfang an gemeint.

Man sollte keine schöngefärbte Brille aufsetzen, sondern zuerst einmal zur Kenntnis nehmen, daß sich der christliche Gottesdienst und die christliche Liturgie mit dem religiösen Tanz schwergetan haben.

Vielleicht lebten im Ursprungsjahrhundert der Kirche Bewegungen,

---

12 Ortolan 1911, 107.
13 Zehnpfund 1907, dazu der Art. Tänzer, 308f vom Herausgeber Albert Hauck, der nur die „trübe Mischung" von „Physischen, Religiösem und Moralischem" der mittelalterlichen „Tanzwut" zu schildern weiß.
14 Bertaud 1957.
15 Wie bei H. Rahner [9]1983, 70ff, und Berger 1985b, 30f.
16 Jetzt Horowitz, Les dances (sic!) cléricales dans les églises au Moyen Age, 1989 (nach S. Tanz/E. Werner 1993, 102).

deren Tun dem entsprach, was heute unter dem Wort „religiöser Tanz" gesucht wird. Was über die Bewegung des Montanismus (zweite Hälfte des 2. Jhs.) gesagt wird, weist Züge auf, die einem ekstatischen Tanzerleben nahekommen.[17] Doch im Gegensatz zur großkirchlichen Ordnung und – interessanterweise – durch einen moralistischen Rigorismus geriet die Bewegung an den Rand der Kirche und ging unter. Oft genug hat man auf Parallelen dieser frühchristlichen Häresie mit den modernen Pfingstkirchen hingewiesen. Vielleicht hat die charismatische Bewegung unserer Tage die Aufgabe, fruchtbare Impulse solcher ekstatischen Geisterfahrungen in die Kirche zu integrieren; eine Aufgabe, die – wie mir scheint – noch zu leisten ist.[18]

An den Rändern der christlichen Großkirchen aber gab es weiterhin und gibt es, wie ich in Harlem erlebte, das Tanzen. Die apokryphen Johannes- und besonders die Thomas-Akten beschreiben das Mit-Leiden und Mit-Auferstehen des Gläubigen mit Jesus als ein „Tanzen"; doch gerade in ihnen ist – interessanterweise – deutlich ein gnostischer Dualismus, also eine Leibfeindlichkeit zu erkennen. Dieser Zug, der im Extrem zu einer radikalen Leibverachtung und zugleich einem exzessiven, orgiastischen Ausleben der Leiblichkeit wurde, zieht sich am Rande der Kirche bis zur Moderne hin. Man vergleiche die häretischen Unterströmungen des europäischen Mittelalters[19], aber auch die modernen „satanistischen" Bewegungen von Aleister Crowley bis zu kalifornischen Church of Satan[20]. Der Abwehr gegen solche Verirrungen fielen aber auch die wichtigen Impulse zum Opfer, die im religiösen Ganzheitserleben des Tanzens verborgen sind.

Zum Mittelalter geben die marxistisch ausgerichteten Geschichtler Ernst Werner und Martin Erbstößer aufgrund einer reichen Materialsammlung ihre historisch-soziologische Deutung der Sachlage; die beschreibt zweifellos eine wichtige Seite der kirchlichen Stellungnahmen zum Tanz: „Schon die Kirchenväter hatten bekanntlich gegen das Tanz-

---

[17] Vgl. die knappe Zusammenfassung von Barbara Aland in: Encyclopädia of the early church I, Cambridge 1992.
[18] Vgl. den Versuch einer Würdigung, der auf meinem Entwurf basiert: „Der Geist macht lebendig", Münsterschwarzach o. J.
[19] Vgl. Cohn 1988.
[20] Vgl. Wenisch ²1989; vgl. seinen Art. Satanismus in: Lexikon der Sekten, Sondergruppen und Weltanschauungen ³1991.

vergnügen gewettert und behauptet, wo man tanze, da sei der Teufel anwesend. Aber das schreckte das Volk nicht. Im Tanz brach das zurückgedrängte heidnische Lebensgefühl durch und erzeugte eine Art Tanzkrankheit. Der Klerus wollte mit solchen Berichten, die Bettler und Pilger mit bischöflicher Legitimation verbreiteten, das Volk schrecken und den Teufel an die Wand malen."[21]

Im ganzen Mittelalter und besonders in einer oft ekstatischen späten Umbruchszeit, als der „Schwarze Tod" wütete – was sich in den makabren „Totentänzen" niederschlug –, findet man an den Rändern der Orthodoxie ein Tanzen, das aus dem vitalen Erleben der einfachen Menschen seine Kraft zog. Dahin gehören auch Berichte über ekstatische Nonnen, die in ihrer Gotteserfahrung vor innerer Ergriffenheit tanzten. Jakob von Vitry[22] († 1240), der frühe Berichterstatter über die Erlebnismystik in den Nonnenklöstern, schreibt an den Bischof von Toulouse:

„Du hast auch einige Frauen gesehen, die in so besonderer und wunderbarer Liebesergriffenheit vor Gott aufgehen, daß sie vor Verlangen krank wurden… Ich sah eine andere, die öfters fünfundzwanzig Mal am Tage außer sich entrafft wurde. Auch in meiner Anwesenheit wurde sie, wie ich glaube, mehr als sieben Mal entrafft. Sie blieb in eben der Stellung, in der sie sich gerade befand, unbeweglich, ohne … zu fallen… Wenn sie zu sich zurückkehrte, wurde sie von solcher Freude erfüllt, … daß sie gezwungen war, die innerliche Freude mit körperlichem Tanz zu zeigen."

Chronisten des 14./15. Jahrhunderts berichten von einer Bewegung, die sie die „Sekte der Tänzer" nannten, daß diese zu beiden Seiten des Rheins großes Aufsehen erregte und besonders in Liège zu Hause sei. Das sind Gruppen, die auch als „Geißler" oder in England als „Lollarden" auftraten und die ihre ekstatischen Tänze als Bußübung oder als Hinweggerissensein in die göttliche Begeisterung hinein verstanden.[23]

Wenn Martin Luther zweihundert Jahre später in seiner Schrift „An den christlichen Adel deutscher Nation" die ekstatischen Exzesse der berühm-

---

21 Erbstößer/Werner ²1992, 35.
22 Nach Dinzelbacher 1993, 16f; ders. 1994, 198. (Vgl. in beiden Büchern das Register unter dem Stichwort Tanz.)
23 Insbesondere die beiden französischen Lexika (Anm. 12 u. 14) arbeiten die entsprechende Literatur auf.

ten Wallfahrt zur „Schönen Madonna von Regensburg" geißelt, hat er entsprechende Phänomene im Auge. Doch auch im Raum oder am Rande der reformierten Kirchen traten später ähnliche Tanzbegeisterungen auf. Man denke an das schöne Tanzlied der Quäker oder Shaker[24] und erinnere sich dabei, daß Quäker-Shaker eigentlich Spottnamen sind für die Körperbewegung des Tanzens dieser Religionsgemeinschaften.

In ähnlicher Weise durchbrach auch der Chassidismus in der Nachfolge der jüdischen Mystik (vgl. Gershom Scholem) den intellektualisierten Synagogengottesdienst. Vom Baal-schem-tow, seinem Urvater, werden viele Tanzgeschichten erzählt, die in kosmische Dimensionen hineinreichen. Einmal heißt es:

„Als die heilige Lust höher stieg, drangen sie tanzend in die Kammer des Baalschem ein. Bald übermächtigte sie die Begeisterung, sie faßten den verdüstert Sitzenden an den Händen und zogen ihn in den Reigen. In diesem Augenblick erschallte ein Ruf von draußen. Unversehens hatte sich die Nacht erhellt; in nie zuvor gesehenem Glanze schwang der Mond am makellosen Himmel."[25]

Von einem anderen Frommen wird berichtet: „Wenn der ‚Spoler Großvater' an Sabbaten und Festtagen tanzte, war sein Fuß leicht wie der eines vierjährigen Kindes."

Martin Bubers Chassidische Geschichten sind voll von Tanzen und Springen, das immer wieder durchzogen ist von kosmischen Beziehungen. Auch bei Jalaluddin Maulana Rumi († 1273), der im Sufismus als Begründer des Ordens der tanzenden Derwische gilt, spielen kosmische Bezüge, die leicht des Pantheismus verdächtigt werden können und auch wurden, eine wichtige Rolle. Zu ihm schreibt Annemarie Schimmel: „In der Dichtung Jalaluddin Rumis hat dieser enthusiastische Tanz seinen schönsten Ausdruck gefunden. Seine Verse lassen oftmals den starken Rhythmus der Tanzbewegung widerklingen, die später im Orden der tanzenden Derwische institutionalisiert wurden... Für Rumi war Musik der Laut der Türen des Paradieses...:

‚Einst sprach unser Herr Dschalaluddin dieses:
Die Musik ist das Knarren der Pforten des Paradieses!

[24] Vgl. das Tanzlied „Lord of the dance".
[25] Buber 1949, 125f, 186; man muß überdies die Kritik Gershom Scholems und Abraham

Darauf sprach einer der dumm-dreisten Narren:
Nicht gefällt mir von Pforten das Knarren.
Sprach unser Herr Dschalaluddin drauf:
Ich höre die Pforten, sie tun sich auf.
Doch wie die Türen sich tun zu –
das hörest du!'

Rumi hat die wirbelnde Bewegung der Derwische mit dem Pressen der Weintrauben verglichen, wodurch der – geistige – Wein entsteht... Der tanzende Liebende ist höher als die Sphären, denn der Ruf zum sama' kommt vom Himmel; man kann ihn dem Staubkörnchen vergleichen, das um die Sonne kreist und so eine seltsame Einheit erfährt...

Wahrer sama' ist aber auch ein ,Tanz im Blut', eine Anspielung auf die Legende, daß Hallaj in seinen Fesseln auf dem Wege zur Hinrichtungsstätte tanzte ...

Einswerden und ewiges Bleiben in Gott können so in der Bewegung des mystischen Tanzes symbolisiert werden, wie er von Rumi und seinen Nachfolgern verstanden wurde:

,Schall', o Trommel, Hall', o Flöte, Allah Hu!
Wall im Tanze, Morgenröte, Allah Hu!
Lichtseel' im Planetenwirbel, Sonne, vom
Herrn im Mittelpunkt, er tötet! Allah hu! ...
Wer die Kraft des Reigens kennet, lebt in Gott,
denn er weiß, wie Liebe tötet. Allah hu! "[26]

Kosmisch-pantheistisch klingende Aussagen – eingebunden in das Geheimnis von Liebe/Tod – sind nun ein tragender Grund dafür, daß in den offiziellen Großkirchen des Christentums, im orthodoxen Judentum und im orthodoxen Islam der Tanz als religiös-liturgischer und auch als fromm-persönlicher Ausdruck nur am Rande stand, wenn er nicht sogar verfemt war. Damit aber wurde zugleich eine wichtige Lebensquelle der Erfahrungsfrömmigkeit zugeschüttet.

Das kann aus heutiger Sicht klarwerden, wenn man aus der „Geschich-

Joshua Heschels berücksichtigen, daß Buber sogenannt kosmisch-magische Züge im Chassidismus intellektualistisch purgiert habe.
[26] Schimmel 1979, 201 f.

te(n) der Rockmusik" von M. Ventura: „Vom Voodoo zum Walkman" erfährt, daß sogar die Vokabel „Rock"(-Musik) sich von den Gottesdiensten der schwarzen Sklaven in den Südstaaten der USA ableitet. Das „Rockin' in Church" war zuerst das ekstatisch-rhythmische Sich-Bewegen eines Predigers. Es setzte sich um, wenn sein Rhythmus von der Gemeinde mit Klatschen begleitet und in Tanzen übertragen wurde; wenn dann vielleicht der Schweiß in Strömen floß, die Gläubigen in Ohnmacht fielen und in „Zungen" mitsangen; wenn sie so das Wirken des Heiligen Geistes zu erfahren glaubten.

Damit ist der Bogen zu meinem anfangs geschilderten Erlebnis zurückgeschlagen. Hier wie dort geht es um Randgruppen. Man wird kaum behaupten können, daß diese Erfahrungspotenz, die in der „Charismatischen Bewegung" mit ihrem ansatzweisen „Rockin' in Church" ein wenig gepflegt wird, schon ihren (ach, so notwendigen) Raum in den Kirchen gefunden hat.

Zur Beurteilung solcher Hinweise sollte aber nicht vergessen werden, daß in der Entwicklung des Buddhismus vom Therevada, dessen Tanzen in Südostasien zu erleben ist, über den Mahayana-Buddhismus, über China, bis zum japanischen Zen, das Tanzen sogar völlig verlorenging. Es scheint so zu sein: Mit der Entwicklung der menschlichen Gesellschaft aus einem Zustand, in dem die Einheit von Mensch und Natur erlebt und gelebt wurde (die schamanistischen Riten dokumentieren dies), zur intellektuellen und technischen Zivilisation (Natur wird nur noch als Freizeitvergnügen und Ferienerholung genossen, nicht aber in „Empathie" erfahren) ging auch das Gespür für die körperliche Lebendigkeit als Lebensmitte, für die Urerfahrung des Tanzens verloren. Die tänzerische Bewegung degenerierte entweder zum orgiastischen Sich-Ausleben wie in manchen Rock-Konzerten oder wurde verharmlost zum ästhetischen Schauspiel und höchstens noch zum Gesellschaftsvergnügen.

2. Tanzkritik und Tanzlob

Es kann kein Zweifel bestehen: Kritik und Verbot des Tanzens beherrschen weithin die christliche Szene. Darüber wird oft berichtet.[27] Hier sollen nur einige Hinweise gegeben werden.

Es ist ein echt typisches Vorkommnis, daß schon im vierten Jahrhundert ein Konzil von Laodicäa verbietet, während der Hochzeit zu tanzen oder zu springen; orgiastische heidnische Riten hatten sich eingeschlichen. Johannes Chrysostomus (344–407), der Moralist und Volksprediger unter den Kirchenvätern, ist der wohl schärfste Tanzkritiker; er sieht im Tanz der Salome um den Kopf Johannes' des Täufers das abschreckende Beispiel der Sünde des Tanzens und schreibt: „Dort, wo der Tanz ist, da ist der Teufel. Nicht dafür hat uns Gott die Füße gegeben, sondern damit wir in gemeinsamer Harmonie voranschreiten; nicht also um mit den Kamelen zu springen..., sondern um mit den Engeln zu tanzen. Wenn eine solche Unordnung schon den Leib beschämt, um wieviel mehr doch die Seele."[28]

Auch Augustinus (354–430) diffamiert die Sekte der Priszillianer, die in ihren Hymnen das Tanzen preisen, und verweist uns mit vielen anderen Kirchenvätern ins Jenseits, wenn er schreibt: „Nicht tanzend, sondern betend errangen die Märtyrer den Sieg."[29]

Sicher, es gibt bei den Kirchenvätern und mittelalterlichen Theologen auch positive Texte über das Tanzen. Der zu Beginn zitierte entsprechende Artikel des „Dictionnaire de Théologie Catholique" ist sicher nicht typisch für die christliche Tradition; er trägt nämlich die Spuren des Jansenismus und des so prüden Aufklärungs(!)-Jahrhunderts nach der Französischen Revolution an sich. Doch zu den so gerne zitierten positiven Texten der christlichen Tradition ist zweierlei zu wissen:

Zum einen oblag es den Theologen, die Texte über das Tanzen zu exegetisieren, die sich in der Bibel befinden. Manch schöner Tanztext aus der Patristik ist lediglich eine Auslegung der Hl. Schrift. Dort nämlich, in den Psalmen, in den apostolischen Briefen usw., wird das Tanzen nicht selten erwähnt. Dieses rein(?) exegetische Interesse gilt auch für Ambrosius von Mailand (337/39–397), den großen Bibelgelehrten der lateinischen Kirche; von der griechischen Tradition her kommend hat er schöne

---

[27] So z. B. in keineswegs wohlwollender, aber doch recht instruktiver Weise bei Hoffmann 1991; s. aber insbesondere die Lexika (Anm. 11–13), H. Rahner [9]1983, Berger 1985b und Erbstößer/Werner [2]1992. Aus diesen Quellen ist auch der Großteil folgender Belege entnommen; die Übersetzungen stammen fast alle von mir.
[28] In Mt. hom. 48,3; PG 58, 491.
[29] In Sermo 326,1; PL 38, 1449.

Texte über das Tanzen formuliert: „Der leibliche Tanz zu Ehren Gottes gilt als lobenswert, weil ja David vor der Bundeslade des Herrn getanzt hat."[30] So schreibt er mit einem guten Instinkt für die jubelnde und sicher auch tanzende Urbedeutung des großen alphabetischen Psalms 119 (118), in dem unsere Übersetzungen kaum noch „Tanzen" finden können. Bei der Exegese des Lukas-Textes vom Menschensohn, der Herr ist über den Sabbat, da doch der hungrige König David die Kultgebote gebrochen habe, kommt er mit der Erwähnung des Hungers auf die Leiblichkeit des Menschen zu sprechen; und auch König David tanzte doch leibhaft vor der Bundeslade. Aber die Leiblichkeit wird bei Ambrosius erhoben zur „Geistigkeit" der Würde Gottes.

Damit aber betont er das Zweite, das zum Verständnis der alten Tanztexte wichtig ist: Tanz wird spiritualisiert und dadurch in eine „geistige" Höhe erhoben, von der man nicht mehr weiß, ob die körperlich-sichtbaren Bewegungen überhaupt noch mitgemeint sein dürfen; oder der Tanz wird moralisiert zum „Tun der guten Werke". Und so schreibt Ambrosius tatsächlich: „Es gibt keine Übereinstimmung zwischen den Geheimnissen, die durch die Auferstehung gewiß geworden sind, und den schändlichen Dingen, die beim Tanzen geschehen. Ehrenvoll ist der Tanz, in dem die Seele jubiliert und der Leib sich zu guten Werken emporschwingt."[31] Ob das noch der Tanz ist, um den es uns geht? An anderer Stelle wird das Tanzen umgedeutet zum aszetischen Bemühen auf dem Weg in die Seligkeit:

„Christus hat den Tanz empfohlen, den David vor der Bundeslade des Herrn tanzte. Das nämlich ist ehrenwert, was sich auf die Religion bezieht. Über nichts, was zum Kultus und zur Ehre Christi beiträgt, müssen wir erröten. Es handelt sich doch nicht um einen Tanz, der von Lust und Wollust durchzogen ist; es handelt sich um einen Tanz, in dem ein jeder seinen Leib aktiviert und seinen müden Gliedern nicht erlaubt, auf der Erde auszuruhen und mit wachsender Müdigkeit zu erlahmen. Paulus tanzte in geistiger Weise, als er sich für uns ausstreckte und – das Vergangene vergessend, die Zukunft aber ersehnend – sich abmühte um den Preis Christi. Und auch du sollst,

---

[30] In Ps 118,7; PL 15, 1290.
[31] Luc 6,8; PL 15, 1670.

wenn du zur Taufe kommst, die Arme erheben und die Füße schneller bewegen, um emporzusteigen zu den ewigen Gütern. Dieser Tanz ist begleitet durch den Glauben, den Bruder der Gnade.“[32]

Bei dem großen Bischof von Mailand, der sich in die Liturgiegeschichte durch die Hymnendichtung eingetragen hat, wird das Tanzen zum Tun der Nächstenliebe und der aszetischen Entsagung allegorisiert und damit so sehr spiritualisiert, daß ein moderner Leser sich fragt, ob überhaupt noch eine Beziehung zum leibhaften Schwingen und Springen übrigbleibt. Wird das Körperliche nicht so sehr überstiegen, daß die Leibkomponente vergessen oder zumindest in den Hintergrund geschoben ist?

Selbst in den Anfängen der christlichen Überlieferung, wo man noch Spuren der Integration einer bewegten Leiblichkeit in das religiöse Tun finden kann, sind diese schon eingefärbt von Leibverachtung. So lesen wir in den Stromata des Klemens von Alexandrien (ca.150–215), dem manche heute die genuine Christlichkeit absprechen wollen:

„Frei herausgesagt: Beten ist ein Dialog mit Gott. Auch wenn wir leise sprechen, murmelnd, ohne die Lippen zu öffnen, schreien wir innerlich. Gott aber hört immer auf diesen inneren Dialog. Deshalb halten wir das Haupt aufrecht, erheben die Hände zum Himmel und bewegen die Füße im Rhythmus des Betens, um so die Bewegungen unseres Geistes zur geistlichen Wesenheit hin zu begleiten. Wir bemühen uns, den Körper durch die Worte von der Erde loszulösen, nachdem wir die beflügelte Seele durch das lebendige Verlangen nach Vollkommenheit zum Himmel erhoben haben. Wir bedrängen sie, zum himmlischen Heiligtum zu eilen, indem wir großmütig die fleischlichen Fesseln verachten. Denn wir wissen nur zu gut: Der wahre Gnostiker übersteigt in Freude die ganze Welt, so wie die Juden Ägypten verachteten; er zeigt damit sehr deutlich, daß er möglichst nahe zu Gott kommen will.“[33]

Deutlich doch kommt im Zitat die platonische Auffassung von der Leiblichkeit als nur einer Stufe zur höheren Geistigkeit zum Ausdruck.

Diese Tendenz bleibt auch für das Mittelalter maßgebend. In den Nonnenerzählungen des Mittelalters wird immer wieder vom spontanen

---

[32] De poenitentia 2,6; PL 16,508.
[33] 7,7; PG 9,456.

Tanzen aus mystischer Freude heraus berichtet. Das setzt sich fort über Teresa von Avila (1515–1582), deren Tamburin man heute noch im Kloster San José von Avila zeigt, über ihre Lieblingsschülerin Anna von Jesus (1545–1621) bis hin zur Ursuline Maria von der Menschwerdung (Guyart, 1599–1672). Diese beschreibt die ins Tanzen überquellende innere Freude einmal so: „Ich hatte eine so große Lebendigkeit (vivacité) in mir, daß ich beim Gehen hochsprang, so sehr, daß man mich für verrückt erklärt, wenn man mich beobachtet hätte."[34]

Doch das sind spontane, auf Einzelerfahrungen beschränkte Phänomene, die überdies mit beginnender Aufklärung (und in Frankreich mit dem Rigorismus des Jansenismus) aufhören und nun ganz aus den Großkirchen herausgedrängt werden.

Nur ein der Forschung allerdings rätselhaft gebliebenes Zeugnis fand ich, das von einer echten Integration des Tanzens der Nonnen in das gleichsam offizielle religiöse Leben zu sprechen scheint. Es ist kein Zufall, daß es noch aus dem Frühmittelalter und von der Ausnahmepersönlichkeit Hildegard von Bingen (1098–1179) berichtet wird. Eine Schwester aus dem Kanonissenstift St. Marien in Andernach fragt bei ihr an:

„Auch von einem sonst nicht üblichen Brauch bei Euch drang etwas an unser Ohr: Daß nämlich Eure Nonnen an Festtagen beim Psalmengesang mit herabwallendem Haar im Chore stehen und als Schmuck leuchtend weiße Seidenschleier tragen, deren Saum den Boden berührt. Auf dem Haupt haben sie goldgewirkte Kränze, in die auf beiden Seiten und hinten Kreuze und über der Stirn ein Bild des Lammes harmonisch eingeflochten sind. Auch sollen die Finger der Schwestern mit goldenen Ringen geschmückt sein."[35]

Weist das auf ein „liturgisches Tanzen" hin? Hildegard antwortet in vornehmer Weise und erinnert an das Paradies, in dem noch alles in Harmonie lebte. Aus ihrem Gesamtwerk ist ein solcher Text nur als Niederschlag ihrer Spiritualität zu verstehen: Im irdisch-konkreten Zusammenleben der Kommunität der jungfräulichen Nonnen realisiert sich schon jetzt ein Stück der künftigen Himmelsherrlichkeit (und des verlorenen Paradieses). Aber war dies ein Tanz oder nur ein liturgisches Spiel?

[34] Bertaud 1957, 36.
[35] Führkötter 1965, 201f.

Es ist auffällig, daß in der Schlußapotheose von Hildegards „Scivias" zwar alles in Harmonie und Gesang zusammenklingt, das leibliche Tanzen jedoch fehlt.[36]

Grundsätzlich aber dürfen die meisten der schönen, älteren religiösen Tanztexte im Christentum nur als spirituelle Bilder und als biblische Allegorien für eine „geistige" Freude verstanden werden; mit leibhaften Bildern wird ein rein geistiges Erleben und eine eschatologische Erwartung ausgedrückt, so wie es schon zu Beginn des Mittelalters der Encyklopädist Rhabanus Maurus (780–856) niederschrieb: „Der Tanzsprung bedeutet im mystischen Verständnis den Fortschritt in den Tugenden… Springen mit allen seinen Kräften heißt: sich freuen im Herrn."[37]

Wie sehr man diese Tradition verkennen kann, zeigt Gerhard Wehr.[38] Er zitiert wohl in Anlehnung an Ernst Benz[39] für die Tradition des „geistigen, des meditativen Tanzes" einen Text des Johannes Mauburnus (Jan Mombaer, ca. 1460–1501), in dessen meditativem Handbuch „Rosetum" die Geistigkeit der „Devotio moderna" zusammengefaßt ist. Doch anhand des Originaltextes[40] zeigt sich, daß Mombaer nur aus dem weitverbreiteten exegetischen Werk des Wilhelm von Paris (um 1400) zitiert und lediglich eine Allegorie, ein „geistiges" Verständnis (von ihm selbst unterstrichen) des Tanzens meint: „unser Herz nach oben richten", „voll Hoffnung sein", „vor Freude weit werden (dilatari)", „in Sehnsucht und Liebe entbrennen". In einer Zusammenfassung (Übersetzung Benz) sagt er: „Wie sittlich ausschweifende Männer und Frauen beim Anhören anstößiger Lieder tanzen, d.h. durch die Bewegung ihrer Leiber sich den Melodien anpassen, die sie hören, so müssen wir geistlich tanzen… Jene Tanzbewegungen aber sind geistliche Bewegungen, durch die wir uns bewegen lassen, wenn wir die Stimme der anderen beim Psalmengesang hören…"

---

36 Vgl. Sudbrack 1995.
37 De universo, 20, 19; PL 111,548.
38 Vgl. Wehr 1988. In seinem Buch über den „Inneren Christus" (1993), 91ff, wird Jan Mombaer als Zeuge für den „meditativen Tanz" angeführt. Die Zitate aus der christlichen Vergangenheit, mit denen Maria-Gabriele Wosien den Tanz als Gebet zu belegen sucht, sind zum größten Teil aus der gleichen Verwechslung einer geistlich-allegorischen Deutung mit dem Lob des realen Tanzes entstanden; vgl. M.-G. Wosien 1985.
39 Vgl. Benz 1976, dort besonders 29f.
40 Ich benutze die Ausgabe von Douai (Duaci), 1620, Zitat 191b.

Geistlich tanzen meint Gebet, Meditation, Schriftlesung, Anwesendsein bei der Liturgie: „Wer seine gespannte Aufmerksamkeit auf die Worte und den Sinn der Heiligen Schrift richtet, der wird innerlich ergriffen und gleicht sich dem frommen Tänzer David an und wird selbst zu einem Sambulus und Stesichorus, indem er je nach der Verschiedenartigkeit der Musikinstrumente tanzt und sich nach ihrer Herzensregung bewegt."

„Tanzen" wird also nach dem „Rosetum" geistlich gedeutet als das Hören des Wortes Gottes und die geistige Hinwendung zu ihm! Das entspricht dem, wie einer der bedeutendsten mittelalterlichen Theoretiker des religiösen und auch mystischen Lebens, Richard von Sankt Viktor († 1173), die allgemein gültige Auffassung synthetisiert hat: „Körperlich springen, das heißt; den Leib über die Erde erheben; geistig springen, das heißt, den Geist und alles Geistige aus den irdischen Realitäten herauszureißen; das heißt, verzückt sein im Geiste und alles unten lassen, was nach unten gehört, um ganz und gar hinaufzusteigen in die unsichtbaren Wirklichkeiten."[41]

Man muß zuerst diese Vergangenheit ernst nehmen, um für heute einen neuen positiven Bezug zur Leibfreundlichkeit des liturgischen und kontemplativen Tanzes aufbauen zu können.

3. Der mystische Tanz und die nüchterne Trunkenheit

Richard interpretiert mit obigen Worten die Verse 2,9 aus dem alttestamentlichen Hohenlied der Liebe: „Mein Geliebter springt über die Berge, hüpft über die Hügel." Er berührte damit ein Thema, das man den „mystischen Tanz" nennen kann, ein Thema, das zum modernen Verständnis des religiösen Tanzens wichtig sein muß. Der „Geliebte" des alttestamentlichen Hohenliedes wurde weithin gedeutet als das „Ewige Wort" Gottes, das in den Schoß der Jungfrau Maria hinein-„sprang" und ebenso ein Mensch wurde, wie es seine Mutter war.

Diese mystische Hohelied-Exegese der Väterzeit und besonders des Mittelalters, die der Theologe Helmut Riedlinger (1958) und der Germanist Friedrich Ohly (1958) untersucht haben, läßt sich nur poetolo-

---

[41] Adnotationes mysticae in Ps 113; PL 199, 338.

gisch verstehen. Aber weil damit die reine Begrifflichkeit und die historisch-kritische Tatsächlichkeit in die Welt der Bilder hinein überschritten wird, wird zugleich eine Brücke zum Verständnis der religiösen Erfahrung geschlagen – auch der Glaubenserfahrung in Form des Tanzes. Hugo Rahner hat auf einige dieser Züge hingewiesen und gezeigt, wie sich gerade an den obigen Vers des Hohenliedes eine Theologie des himmlischen und mystischen Tanzes angeknüpft hat.[42] Christus, besser gesagt: das „Göttliche Wort", ist der Anführer des tanzenden Himmelchors, ist der Apollon Musagogās, der Musen-anführende Apollo, der als Chorführer die Engel und Menschen, die ganze Schöpfung zum himmlischen Tanz einlädt. Für Gregor von Nyssa (335/340–394) ist dies ein Bild für die Mystik, die bei ihm bis in die Himmelsseligkeit hinein mit „Bewegung" und „gemeinsamem Tanzen" bildhaft zu umschreiben ist:

„Einst war eine Zeit, da bildete jegliche logosbegabte Kreatur einen einzigen Tanzchor, aufblickend allein zu dem Vortänzer dieses Chores. Und in der Harmonie jener Bewegungskraft, die von dem Vortänzer durch sein Gesetz auf sie alle ausging, schlangen sie ihre Reigen. Die ersten Menschenelтern wandelten noch unter den Engelsgewalten. Aber der Beginn der Sünde löste den Wohlklang dieses Chores auf… Seitdem ist der Mensch dieser Gemeinschaft mit den Engeln beraubt, und es braucht der Gefallene viel des Schweißes und der Mühen, um jenen Geist zu besiegen, der durch die Sünde auf ihm lastet: Aber als Siegesbeute wird ihm der Verlust aus jener urzeitlichen Besiegung zuteil, die neue Teilnahme am göttlichen Tanzchor."[43]

Solche Vorstellungen wurden, wie schon gezeigt wurde, in apokryphen, dualistisch-leibfeindlichen Schriften ausgemalt.

Hildegard von Bingen[44] (1098–1179) greift diese musische Sicht des alten und des kommenden Paradieses auf, wenn sie in ihrem Protestschrei-

---

42 Vgl. H. Rahner ⁹1983, 68, Hippolyt zitierend: „O der gar großen Geheimnisse! Was bedeutet dieses Springen? Der Logos sprang vom Himmel in den Leib der Jungfrau, er sprang vom Mutterleib hinauf auf den Kreuzbaum, von Baum in den Hades; er sprang vom Hades in menschliches Fleisch wieder auf die Erde – o der neuen Auferstehung! Und er sprang von der Erde in den Himmel, wo er sitzt zur Rechten des Vaters. Und wieder wird er springen auf die Erde mit Herrlichkeit, um zu geben Vergeltung."
43 AaO. 78. Ausführlich hat H. Rahner diese Bildtheologie entworfen in: ders. 1995; vgl. 1964.
44 Dazu und zum Folgenden vgl. Sudbrack 1995.

ben an das Mainzer Domkapitel den liturgischen Gesang ihrer Schwesterngemeinschaft theologisch deutet. In ihm erfahre sie nämlich eine mystische Gegenwart der kommenden Himmelsherrlichkeit (die im verlorenen Paradies schon erlebt wurde). Es ist schwer festzustellen, ob ihr solche Vorstellungen aus dem Schatz der Tradition zuflossen oder aus visionär-auditiv mystischem Erleben: „Adam hatte den Gleichklang mit der Stimme der Engel, den er im Paradies besaß, verloren und ist – wie einer, der beim Erwachen aus dem Schlafe von dem, was er im Traum geschaut, nichts oder nur Unsicheres weiß – dem Erkennen, mit dem er vor der Sünde begabt war, entschlafen. Gott aber durchströmt die Seelen der Auserwählten mit dem Licht der Wahrheit und rettet sie dadurch für die frühere Beseligung. Er trug in sich den Ratschluß, einst die Herzen vieler durch Eingießung des prophetischen Geistes zu erneuern. Bedenkt also: Wie der Leib Christi vom Heiligen Geist aus der unversehrten Jungfrau Maria geboren wurde, so hat auch in der Kirche das Singen des Gotteslobes als Widerhall der himmlischen Harmonie seine Wurzeln vom Heiligen Geist."

In ihrem Singspiel „Ordo Virtutum", übersetzt als „Das Schauspiel vom Tanz der göttlichen Kräfte und der Sehnsucht des Menschen"[45], läßt Hildegard uns ein wenig in die damalige Kultur des „paradiesischen" Singens und Tanzens hineinblicken. Es ist allerdings recht unwahrscheinlich, daß mit dem Singspiel auch ein lebendiger Tanz im heutigen Sinne verbunden war. Doch die konkret und bildhaft bleibende Welt ihrer Frömmigkeit kann einen Zugang zu heutigen Anliegen des religiösen Tanzens eröffnen.

Dorthin führt auch der uralte, aus dem Hellenismus stammende Topos von der mystischen Ekstase als „nüchterner Trunkenheit"[46]; hier wird ein anscheinend dumpfes Umhertorkeln gelesen als ein wach-bleibendes körperliches Umher-„Tanzen" – ähnlich wie Petrus am ersten Pfingstfest (Apg 2,13) das Urteil der Masse korrigierte. Sie nämlich meinte: „Sie sind vom süßen Wein betrunken." Petrus aber zeigte: Es ist die Be-„geist"-erung durch Gottes Heiligen Geist. „Mystische Trunkenheit" ist eines der

---

45 Vgl. Konermann 1991.
46 Historisch grundgelegt von Lewy 1929; die Würdigung kann nur auf einer breiten religionsphänomenologischen Basis erfolgen.

Charismen Gottes, in dem die Mystiker schon in ihrer irdischen Lebenszeit Gottesbegegnung erfahren dürfen. Jan von Ruusbroec (1293–1381), der als vierter im Kreis der großen „Deutschen Mystiker" den „Weisen" verkörpert, beschreibt diese „Sobria Ebrietas" als eine Wirkung der Ankunft Jesu Christi in der Seele, der sich der Mensch öffnen soll: „Aus diesem süßen Genuß (bei der Ankunft des Logos in der Seele) kommt Wollust des Herzens und aller leiblichen Kräfte, so daß es dem Menschen scheint, er werde in liebevoller göttlicher Umarmung innerlich umfaßt. Diese Wollust und dieser Trost ist größer und angenehmer in Seele und Körper als alle Wollust, die die Erde hervorbringen kann, selbst wenn ein einziger Mensch sie ganz empfangen könnte. In diesem Zustand der Wollust sinkt Gott mit seinen Gaben ins Herz hinein, und dies mit so viel fühlbarem Trost und Freude, daß das Herz innerlich überfließt...

Aus diesem genußvollen Zustand der Wollust entsteht geistige Trunkenheit. Geistige Trunkenheit bedeutet, daß der Mensch mehr spürbaren Genuß und mehr Freude empfängt, als sein Herz oder seine Lust begehren und fassen können. Geistige Trunkenheit veranlaßt den Menschen zu manch befremdlicher Verhaltensweise. Die einen läßt sie singen und Gott loben vor freudiger Erfülltheit. Andere Menschen läßt sie große Tränen weinen vor Entzückung des Herzens. Bei anderen bewirkt sie Unruhe in allen Gliedern, so daß sie laufen, springen und tanzen müssen; einen anderen überwältigt die Trunkenheit so sehr, daß er in die Hände klatscht und jubeln muß.

Einer ruft mit lauter Stimme und zeigt dadurch die Erfülltheit, die er innerlich verspürt. Ein anderer aber muß schweigen und dahinschmelzen wegen der Wollust in allen Sinnen. Bisweilen dünkt es ihn, daß die ganze Welt dasselbe fühle wie er; gelegentlich aber glaubt er, niemand habe das empfunden, was ihn überkommen hat. Oft scheint es ihm, daß er dieses Entzücken nie mehr verlieren könne und werde. Bald wundert es ihn, daß nicht alle Menschen göttlich werden; dann aber dünkt es ihn, daß Gott ihm alleine gehöre und keinem so sehr wie ihm. Bald fragt er sich verwundert, was diese Wollust ist, woher sie kommt und was ihm geschehen ist. Dies ist in der körperlichen Empfindsamkeit das wollüstigste Leben, daß ein Mensch auf Erden bekommen kann. Bisweilen wird das Gefühl der Entzückung so groß, daß der Mensch glaubt, sein Herz werde zerrissen ob all der vielfältigen Gaben und wundersamen Werke."

Um diese sich im Leib und seiner Bewegung niederschlagende Erfahrung recht einschätzen zu können, muß man allerdings auch wissen, daß nach Ruusbroec „dieses Kommen und diese Erscheinungsweise den Menschen zu Beginn gegeben wird, d. h. wenn sie sich von der Welt abwenden, eine gänzliche Umkehr tun und auf jeden Trost der Welt verzichten, damit sie ganz Gott gehören und ganz für ihn leben". Die Menschen sind nämlich „zu dieser Zeit noch zart und benötigen Milch und Süßigkeiten und keine schweren Speisen wie große Versuchungen und Verlassenheit von Gott". Und so „soll der Mensch im Herzen begreifen und in aufrichtiger Absicht mit dem Mund sprechen: ‚Herr, dessen bin ich nicht würdig, aber Deiner grundlosen Güte und Deiner Erhaltung bedarf ich sehr.' Durch diese Demut kann der Mensch wachsen und reicher werden in höheren Tugenden."[47]

Der weise Seelenführer Ruusbroec fand diese „tanzenden" und ekstatischen Erscheinungsweisen der „nüchternen Trunkenheit" in den damaligen Nonnenklöstern. Die wunderschönen, uns kindlich anmutenden Berichte aus Töss, aus Kolmar, aus Unterlinden, aus Kirchberg usw. berichteten davon. Anders als Meister Eckhart, der sich scharf gegen entsprechende religiöse Phänomene stellt und entsprechende Bibelstellen allegorisiert[48], bejaht der „Weise" unter den deutschen Mystikern dieses „Tanzen", versteht es als ganzheitliche Gotteserfahrung, ordnet es allerdings in seiner „Regel zur Unterscheidung" als Anfänger-Charisma ein, also als die von Paulus gepredigte „Milch" für diejenigen, die noch nicht das „feste Brot" der vollen Wirklichkeit verdauen können. Aber dennoch wird schon die christliche Integration angedeutet: Das Ja zur Körperlichkeit soll öffnen zur Transzendenz Gottes!

In der Geschichte der christlichen Spiritualität werden entsprechende Phänomene unter dem Stichwort „Jubilus, Jubilato" eingeordnet. Gregor der Große (540–604) versucht dies zu definieren: „…wenn einen im Geist eine so unaussprechbare Freude erfaßt, daß man sie weder verbergen noch in Worten aussprechen kann, aber dann doch durch Bewegungen ausdrückt, obgleich man sie niemals so, wie sie ist, darstellen kann."[49] Die

---

[47] Ruusbroec 1987, 72f.
[48] Vgl. Langer 1987.
[49] Moralia in Iob 24,6; PL 76, 292.

menschliche Identitätserfahrung der Freude ergreift den ganzen Menschen; aber selbst diese geistig-körperliche Freude kann das Eigentliche, was da erlebt wird, noch nicht fassen und ausdrücken.

Die weitere Geschichte vom leibhaftigen Ausdruck eines geistigen Ergriffenseins zeigt, wie schwer es der Kirche gefallen ist, diesen Ganzheitserfahrungen einen legitimen und – wie es uns heute erscheint – notwendigen Ort in der christlichen Frömmigkeit zu verschaffen. Die wenigen dementsprechenden Berichte stehen am Rand der Spiritualität. So heißt es bei Ignatius von Loyola, daß er ähnlich wie Johannes vom Kreuz Musik liebte und „einen trostlosen Menschen mit einem fröhlichen baskischen Tanz aufheitern konnte.“[50] Und auch von Teresa von Avila lesen wir:

> „… daß gelegentlich ihre Gefühle der Liebe so stark waren, daß sie sie nicht mehr unterdrücken konnte. Dann nahm sie ihren Tambourin, ging aus ihrer Zelle hinaus und wurde durch das wachsende Feuer so hingerissen, daß sie zu tanzen begann. Ihre Töchter begleiteten den Tanzrhythmus mit Castagnetten oder mit Händeklatschen; denn ihre Mutter begann ganz plötzlich und improvisierend.“[51]

Auch diese theologisch nicht aufgearbeiteten, aber in ihrer Spontaneität sympathischen Züge scheinen in den nachfolgenden Jahrhunderten fast gänzlich verlorengegangen zu sein. Der Rationalismus, der im Jansenismus seinen innerkatholischen Ausdruck gefunden hat, und mehr noch die Aufklärung, deren negative Spuren heute noch nicht ausgelöscht sind, verstärkten die leibfeindlichen Züge, die in der neuplatonischen Tradition der christlichen Theologie angelegt waren, ohne das Positive dieser Tradition zu bewahren. Eine künftige Theologie, Liturgie und Kontemplation des Tanzens muß bemüht sein, dieses Positive mit einer Würdigung des ganzheitlichen Stehens (und Tanzens) der Menschen vor Gott zu verbinden.

---

[50] Vgl. H. Rahner 1965b, 128 (u.ö., vgl. im Index unter Charakterbild).
[51] Bertaud 1957, 35; dort auch Hinweise auf Johannes vom Kreuz.

4. Die traditionelle Reserviertheit gegenüber dem religiösen Tanz

Die spärlichen Zeugnisse des religiösen Tanzens in der christlichen Vergangenheit müssen überdies gelesen werden auf dem Hintergrund einer breiten weltlichen – populären wie höfischen – Tanzkultur. Hugo Rahner beendet seine Innsbrucker Rede über das Tanzen mit einem fragenden Ausblick: „Ist das Tanzen nicht in seiner letzten Sinndeutung vielleicht doch ein Zeugnis genau so wie die Liebe selbst, die das Höchste und das Niederste im Menschenwesen mit dem gleichen ewigen Wort bezeichnet, in der Gosse und im Gebet, in der hektischen Sucht und in der himmlischen Sehnsucht – ein Zeugnis, sage ich, für ein unstillbares Drängen im Menschen, größer zu sein als er selbst, wenigstens für einen Augenblick, sich selbst gleichsam zu überschwingen, freizuwerden von den Fesseln des Leiblichen: ein Zeugnis also für den unsterblichen Geist, den es dorthin drängt, wo wir endlich frei sind in Gott? Und so wagen wir es, mitten in den Lärm der tanzenden Bälle noch einmal das tiefe Wort des Augustinus zu sprechen: Unser Ball (Tanz) ist die Änderung unseres Lebens (,ballatio nostra mutatio vitae est‘)."[52]

Hugo Rahner berührt in seiner Tanzbegeisterung auch die Gefahr des Tanzphänomens: Sucht oder Sehnsucht? Wird ein Tanzen, das die Sehnsucht aufgibt, zur Sucht? „Corruptio optimi pessima." – „Am schlimmsten ist die Perversion des Besten", lautet ein alter Merkspruch. Die Reserviertheit der christlichen Tradition gegenüber dem Tanz bringt die immanenten Gefahren des religiösen Tanzes ins Gedächtnis.

a) Die erotische Ambivalenz der Leib-Erfahrung

Die Religionsgeschichte zeugt in unübersehbarer Eindeutigkeit von der Ambivalenz, die auch und gerade dem Tanzen innewohnt. Deshalb sind zum Beispiel gerade die religiösen Tänze aus der Willkür der Tanzenden herausgenommen und in eine strenge, festgelegte Form hineingebunden worden. Es sollte sich nichts Dämonisches einschleichen in die Religiosität des Tanzens. Auch in der Bibel warnt zum Beispiel Jesus Sirach, aber er blickt damit recht deutlich auf eine Prostituierte: „Verkehr nicht mit einer

---

[52] H. Rahner 1965a, 12f.

40

Saitenspielerin (Tänzerin), damit du nicht durch ihre Töne gefangen wirst" (Sir 9,4).

Der Tanz der Tochter der Herodias vor König Herodes um den Mord an Johannes dem Täufer (Mk 6,17–29) trägt schon eindeutiger dämonische Züge. In der Tanzpolemik der Kirche galt er als das abschreckende Beispiel für den bösen Tanz und wurde oft mit Unsittlichkeit und Götzendienst verbunden. Chrysostomus sprach sein schon zitiertes Wort: „Dort, wo der Tanz ist, da ist der Teufel", in Verbindung mit dieser Szene aus dem Neuen Testament. Es ist auch verständlich, daß der dunkle Zug des Tanzens besonders im religiösen Bereich und der Vorwurf gegen das Tanzen, es sei sittenlos, bewußt verbunden wurde mit dem Vorwurf des Götzendienstes. Die christlichen Kirchenväter konnten dem profanen Tanzen noch gute Seiten abgewinnen. Dort aber, wo das Tanzen Bestandteil von Kult und Verehrung Gottes und der Götter wurde, erinnerten sie sich an den Tanz um das goldene Kalb: „Als Mose dem Lager näherkam und das Kalb und den Tanz sah, entbrannte sein Zorn. Er schleuderte die Tafeln fort und zerschmetterte sie am Fuß des Berges" (Ex 32,19).

In der Elija-Geschichte wird der Tanz regelrecht zum Proprium des dämonischen Baals-Kultes und der Schlichtheit des Jahwe-Kultes entgegengesetzt: „Sie riefen vom Morgen bis zu Mittag den Namen des Baal an und schrien: Baal, erhöre uns! Doch es kam kein Laut, und niemand gab Antwort. Sie tanzten hüpfend um den Altar, den sie gebaut hatten … Als der Mittag vorüber war, verfielen sie in Raserei…" (1 Kön 18,26–29).

Mit vielen positiven Erwähnungen des Tanzens im Alten Testament verbindet sich anscheinend die untergründige Angst, ob Tanz nicht zugleich Tür und Tor öffne für die sexuelle Freizügigkeit und, damit verbunden, ob der Tanz nicht den Glaubensabfall dokumentiere zu den Tanz-Kulten des Baal und der Astarte-Verehrung. Die prophetischen Schriften sind voll von derartigen Warnungen.

Diese Ambivalenz der religiösen Tanzerfahrung läßt sich in vielen religiösen Traditionen feststellen. Noch im deutschen Märchen hat sie ihre Spuren hinterlassen.[53] Man denke nur an Geschichten wie die des

---

[53] Vgl. Hoffmann 1991, 132 ff; er erwähnt neben vielen anderen interessanten Hinweisen Friedrich Nietzsche, „der in der Tanzwut einen Sieg des Dionysischen über das christlich-apollinische Christentum" sah und schrieb: „Auch im deutschen Mittelalter wälzten sich unter der gleichen dionysischen Gewalt immer wachsende Scharen singend und tanzend

Rumpelstilzchens und seinen Tanz: „Ach wie gut, daß niemand weiß...", oder an das Flötenspiel des Rattenfängers von Hameln. Auch der vermeintliche Hexentanz auf dem Blocksberg oder sonstwo ist von solchen dunklen und auch erotisch gefärbten Ahnungen durchzogen. Dinzelbacher schreibt dazu: „Mit dem spätmittelalterlichen und frühneuzeitlichen Vorstellungskomplex ‚Hexen‘ untrennbar verbunden ist der Sabbat. Wie auch immer seine Ursprünge sein mögen..., die Vorstellung eines Treffens mit der Gottheit im Rahmen eines Festes bewegte sowohl die Phantasie der Heiligen als auch die der Zauberfrauen... Aber greifen wir nur ein besonderes Motiv heraus, das des Tanzes. Tanz und Hochzeit halten die Teufel und Hexen nach Hans Sachs auf den Bäumen und Ästen; nach de Lancres ausführlicher Beschreibung führt nach dem Mahl ‚jeder Dämon diejenige, die neben ihm an der Tafel war, unter diesen verwünschten Baum, und dort tanzen sie...‘ "[54]

Ähnlich wie in der mystischen Verklärung des Tanzens, allerdings mit entgegengesetzten Vorzeichen, sind auch hier Hochzeit und Tanz, also Sexualität und ekstatisches Sich-Ausleben, eng verknüpft.

Man darf solche Äußerungen nicht aufklärerisch als „finsteres Mittelalter" (eigentlich eher: „finstere Renaissancezeit"!) abwerten. Man muß die emotionale Mitte zu erspüren suchen, aus der diese Scheu vor „Tanz-Sexualität" erwachsen ist. Am dichtesten begegnet man ihr wohl bei Augustinus. Es ist nämlich die Angst, sich an Mächte auszuliefern, die man nicht mehr willentlich beherrschen kann: an die Sexualität mit ihrem Höhepunkt, dem Orgasmus; an den Tanz mit seinem Sich-Ausliefern, Sich-Hingeben an Rhythmus und Musik. Kurt Flasch hat dies in polemisch überspitzter Weise beschrieben und als emotionalen Ursprung der augustinischen Erbsündelehre dargestellt – der Mensch sei an eine „überpersonale" Schuld ausgeliefert: „Augustinus hat seine sexuelle Erregung nie bejaht. Daß etwas an seinem Körper nicht so seinem Willen unterliegt, wie die Bewegungen einer Hand, das hat er als demütigend erfahren... Das ‚Fleisch‘ gehorcht nicht dem Willen. Das ist die Konkupiszenz, die

Ort zu Ort: In diesen Sanct-Johann- und Sanct-Veits-Tänzern erkennen wir die bacchischen Chöre der Griechen wieder, mit ihrer Vorgeschichte in Kleinasien, bis hin zu Babylon und den orgiastischen Sakäen" (159).

[54] Dinzelbacher 1993, 297. Den anthropologisch-kulturellen und auch volkskundlichen Hintergrund dieser Phänomene hat Biedermann (1974) gültig dargestellt.

durch die Taufe aufhört, Schuld, ‚reatus‘, zu sein, aber nicht verschwindet. Sie ist nach dem späten Augustinus das einzige, was zu den Beziehungen zwischen Mann und Frau durch die Erbsünde hinzukommt."[55]

Folge und Zeichen der „Erbsünde", von der alle Kinder Adams betroffen sind, ist das Überfallenwerden von der lustvollen Erregung des „Fleisches", die der Mensch nicht mehr beherrschen kann. Allerdings müssen auch die Korrekturen zur Kenntnis genommen werden, die Peter Brown an der einseitigen Deutung anbringt, die bei Flasch deutlich wird: Einerseits ist die augustinische „Erbsündenlehre" nicht ohne die soziale Komponente zu verstehen, nach der der Mensch durch Sexualität – und Erbsünde – in soziale Netze verknüpft ist und durch Gottes Gnade befreit in Jungfräulichkeit oder Ehe diese Freiheit leben kann; dazu kommt, daß die von Flasch betonte emotionale Seite nur die Außenseite der augustinischen Frage nach der Verknüpfung von Sexualität, Konkupiszenz und Erbsündlichkeit darstellt.[56]

Aber dennoch ist diese Scheu oder Angst vor dem Sich-Ausliefern der eigenen Initiative an die Sexualität und an den ekstatischen Rausch des Tanzens ein Grund dafür, daß die christliche Tradition beidem nicht mit der Offenheit begegnen konnte, die wir heute suchen. Thomas von Aquin meint zwar in seiner gedanklichen Nüchternheit: „Das Tanzen und Spielen (ludus chorealis) ist an sich nicht schlecht; aber nach je seiner Ausrichtung und je nach Umständen kann es ein Tun der Tugend oder ein Tun des Lasters sein. Man kann sich nicht immer dem aktiven oder dem kontemplativen Leben hingeben; die Mühen müssen unterbrochen werden durch Freuden, damit der Geist nicht an übergroßer Strenge zerbricht. Und wenn man aus einem solchen Grunde spielt (oder tanzt), dann ist dies das tugendhafte Tun, das man ‚eutrapelia‘ nennt; und dies kann verdienstvoll sein, wenn es von der Gnade durchformt ist."[57]

Doch damit kommt er nicht zur Wurzel dessen, was einen Augustinus bis ins Herz traf und was einer der wichtigsten Gründe ist, warum die christliche Tradition gezeichnet ist von einem tiefen Mißtrauen gegenüber dem religiösen Tanz:

55 Flasch 1980, 32, 210.
56 Brown 1991, 395–437.
57 In Isaiam III. Opera Omnia, XIV, 441–443.

Darf sich ein Mensch selbst verlieren in die Faszination von Musik und Rhythmus hinein? Darf er aufgehen im größeren „Es" des Tanzes, in dem er nicht mehr selbst seine Schritte lenkt, sondern sich leiten läßt vom Zauber, von der Kraft der Musik? Und tut er damit nicht genau das gleiche, was Liebende erfahren, wenn sie in gegenseitigem geschlechtlichem Erkennen sich ihrer Sexualität ganz und gar hingeben? Spricht nicht Paulus dagegen, wenn er im Römerbrief (12,1) den Christen einen „vernunftgemäßen (griechisch: logikän, lateinisch: rationale) Gottesdienst" vorschreibt? In diesen Fragen spricht sich die Ungewißheit aus, die in der christlichen Tradition herrschte und die mit der allzu glatten Lösung des Thomas nicht beseitigt ist. Diese Ungewißheit ist auch eine der Wurzeln, weshalb so vieles in heidnischen Kulten einfachhin als dämonisch eingeschätzt wurde, eine Haltung, die die Missionsgeschichte bis in die jüngste Vergangenheit hinein begleitet hat.

Zweifelsohne boten die orgiastischen Szenen mancher Untergrundreligionen des Hellenismus, aber auch mittelalterlicher Sekten abschreckende Beispiele für die Verführungskraft des Tanzens – ähnlich wie es die Astarte- und Baals-Kulte für die Spiritualität des Alten Testaments waren. Doch auch schon damals ahnte man – wenn auch viel weniger stark – die positiven Kräfte, die das erotische Flair des Tanzens in sich birgt. Das zeigen die zarten Legenden von Gauklern, die tanzend, spielend, zaubernd der Muttergottes in der Kirche ihren Liebesdienst erwiesen. Das zeigen auch die schon mehrfach erwähnten Nonnengeschichten des Mittelalters, nach denen verzückte Frauen tanzend ihre Liebe zu Gott auslebten oder doch wenigstens in mystischen Bildern sich phantasievoll ausmalten.[58] Aber der Theologie, der Moral und besonders dem Kirchenrecht, war die Verbindung zwischen geistiger Ausrichtung auf Gott hin und körperbetonter, tanzender Liebe sehr verdächtig.

Und darf man nicht auch sagen, daß solche Verdachtsgründe in unserer liberalistischen Zeit zumindest mit zu berücksichtigen sind? Der Amerikaner Alfred Mertens hat das „liberale" Verhältnis der sogenannten „Playboy"-Mentalität witzig auf die Formel gebracht: Das Feigenblatt, das früher das Geschlecht bedeckte, sei nur an einen anderen Platz gerückt:

---

[58] Vgl. dazu die Register unter dem Stichwort „Tanz" gesammelten Verweise bei Dinzelbacher 1993 und 1994.

Es verdecke nunmehr das menschliche Gesicht. An die Stelle der Verdrängung des Sexuellen sei nun die Verdrängung des Personalen, des menschlichen Gesichtes gerückt.[59] – Die Wiederentdeckung des Leibes im menschlichen Verhältnis zu Gott darf die Person des Menschen nicht verstellen, sondern muß das Beten zu einem „noch" personaleren Gespräch mit Gott machen – so wie die Sexualität das personale Verhältnis zweier Menschen zueinander vertiefen soll.

b) Die „spirituelle" Abwertung des Leibes

Die Angst vor dem orgiastischen Erleben der sexuellen oder auch tänzerischen Hingabe wurde gestützt durch die frühchristliche Übernahme des neuplatonischen Denkens und durch den mittelalterlichen Aristotelismus eher verstärkt als korrigiert. Das nun ist eine Entwicklung, die in der Fachliteratur oftmals dargestellt und auch kontrovers behandelt wird[60], so daß hier genauere Belege entfallen können. Der historische Neuplatonismus ist aber auch nur ein Stichwort für eine Mentalität, die in ähnlicher Weise überall auftritt, wo Menschen sich dem „Geistig-Religiösen" nähern. Kurz charakterisiert: Mit der Hoch-Achtung vor dem Geistigen und dem Geist entsteht nicht nur im Christentum sehr leicht eine Minder-Achtung des Leiblichen und Materiellen; sie kann sich auswachsen bis zur Ver-Achtung des Geistigen wie in gnostischen oder manichäischen Sekten, die am Rande des hellenistisch-neuplatonischen Einflusses emporsprossen. In dem mit Neuplatonismus selbst Gemeinten aber findet sich eine deutliche, dualistische Geringschätzung all dessen, was mit dem Körperlichen und somit auch dem Sozialen verbunden ist. Dieser Einfluß auf das Christentum war nicht zuletzt deshalb so stark, weil damit etwas berührt wurde, was zutiefst im Menschen selbst angelegt ist und zweifellos zu tun hat mit dem, was man „Religiosität" nennen darf: das Streben über die Kontingenz und die Vielfalt der zeitlich-räumlichen Welt hinaus in ein höheres Ganzes und Geistiges. Man kann die gesamte Geschichte der

---

[59] Mertens 1979, 46.
[60] Verwiesen sei auf die verschiedenen Lexika; die katholischen und auch die theologiegeschichtlich orientierten Autoren betonen eher die positiven Seiten der Entwicklung, während die protestantischen und die biblisch orientierten Autoren gerne die negativen Seiten herausstreichen. Zur Problematik vgl. Sudbrack 1993b.

christlichen Spiritualität verstehen als ein ständiges Bemühen, dieses neuplatonische, hellenistische Erbe und zugleich im Menschen Angelegte im Sinne der biblischen Botschaft Jesu Christi zu korrigieren und zu erfüllen, weil doch das Wort, also der Geist, Fleisch (Leib, Materie, empirisch Gegebenes) wurde.

Biblisch nun ist mit dem Sprechen von Leib und Seele – oft auch wie später in der Mystik triadisch: Leib-Seele-Geist – keine Dualität, also keine Trennung ausgesagt, sondern es sind Funktionsaussagen über den einen und ganzen Menschen: Leib ist sein Bezug zur Umwelt von Mitmensch und Natur; Seele sein Bezug zu sich selbst; Geist sein Bezug zu Gott. Diese Nicht-Dualität ist ein Grund dafür, weshalb im frühen Judentum der Gedanke an die individuelle Auferstehung des Menschen nicht aufkam; er wurde erst spät von außen her in die alttestamentliche Erwartung hineingetragen. Wie sollte es auch möglich sein, daß der Leib, der den ganzen Menschen in seiner Individualität meint, nach seinem offensichtlichen Tod und seiner Verwesung im Grabe doch nicht tot ist? Und dieser Leib ist in dieser jüdischen Erfahrung nicht Hülle einer Seele, sondern ist ein Mensch in seiner personalen Ichheit. Das „Weiterleben" des Menschen hingegen legt das Alte Testament in dessen lebendige Umgebung, in dessen Nachkommen: Die sternen-vielen Nachkommen Abrahams sind sein ewiges Leben; die Hochzeit der Patriarchen ist als Anfang der Nachkommenschaft ein regelrechtes Sakrament der Auferstehung, des Weiterlebens in den Nachkommen. Weiterleben war untrennbar an die sichtbare Leiblichkeit gebunden. Es ist eines der Wunder der biblischen Offenbarung, daß diese Bejahung der konkreten Leiblichkeit im Judentum – trotz seiner anders gerichteten religiösen Umwelt – bewahrt blieb.

Als das Christentum aufgrund der Ostererfahrung ein Weiterleben über den Tod hinaus zu denken versuchte, griff es eine Entwicklung auf, die sich schon in den Spätschriften des Alten Testaments abzeichnet; es orientierte sich an der Philosophie des hellenistischen Dualismus von Leib und Seele: Der so sichtbar hinfällige Leib mag untergehen oder durch ein Wunder Gottes neu erweckt werden. Aber die Seele, diese bewußte, freie, personale Mitte des Menschen, ist unsterblich. Sie übersteht das sichtbare Sterben und lebt in ihrer unsichtbaren Realität weiter. Mit Bildern wie vom Licht, das weiterleuchtet, während die Lampe zerschlagen wird, oder von der Perle, die aus der sterblichen Muschel herausgelöst wird, versucht man diese dualistische Auffassung plausibel zu machen.

Nach einer eher materialistischen Denkepoche, in der man die Seele in die Funktionen des Körpers hinein aufzulösen versuchte (als Epiphänomen physikalisch-chemischer Prozesse), ist es nicht überraschend, daß viele auf das dualistische Menschenbild der griechischen Antike zurückgreifen. In der Esoterik[61], in den so zu nennenden „Neuen Religiositäten" wie zum Beispiel in der Anthroposophie, spricht man wieder von „Seele". Doch sie wird gleichsam neben dem Körper stehend aufgefaßt – eine Denkweise, die trotz aller Proteste doch materialistisch, dualistisch und quantitativ bleibt: Die unsterbliche Seele soll zur Erprobung und Höherentwicklung in eine Leiblichkeit hinein-„geschlüpft", hineingeboren sein und werde das, was ihr an Lebensfülle noch fehlt, in weiteren Reinkarnationen, in neuen Leibern ergänzen. Die Theoretiker bedenken dabei zu wenig, daß diese Auffassung von Leib-Seele der indischen und anderen Traditionen, auf die man sich beruft, kaum entspricht. Sie bedenken auch zu wenig, daß damit der Leib selbst abgewertet wird zu einer Art seelenlosem Instrument, das nur der Ausarbeitung der seelischen Vollkommenheit dient. Er ist damit nur Kostüm, in dem die sogenannte Seele verschiedene irdische Rollen zu spielen hat. Man kann – wie ich es erlebt und im Schrifttum gefunden habe – auch bei der Steinerschen Eurhythmie[62] erspüren, daß dieser Tanz-Meditation des genialen Gründers der Anthroposophie eine auffällige Blässe anhaftet. Von daher ist die vitale afrikanische Tanztradition für das zukünftige Christentum wichtiger, als es die anthroposophische Eurhythmie oder entsprechende, aus Indien stammende Überlieferungen sind. In ihr kommt eine instinktsichere Bejahung der vollen Leiblichkeit zum Ausdruck. Es ist sicher kein Zufall, daß die leibfreudige charismatische Bewegung ihre Ursprünge in afroamerikanischen Erfahrungen hat.

Doch wie dem auch sei, vom biblischen Ansatz her darf Leib und Seele nicht als Zweiheit bedacht werden. Die alttestamentliche Leibfreudigkeit und die neutestamentliche Grundwahrheit von der Fleischwerdung des

---

61 Zur Esoterik und zur angesprochenen Problematik vgl. Sudbrack [4]1990 und Hummel [2]1989.
62 Zur Eurhythmie s. die gesammelten Aufsätze Rudolf Steiners 1986.

Wortes stehen dem entgegen. Eine fast 15 Jahre alte, freundliche (!) Kontroverse mag es beleuchten. Sie fand statt zwischen dem damaligen Theologen und heutigen Kardinal Joseph Ratzinger und seinen beiden Kollegen Gerhard Lohfink und Gisbert Greshake.[63] Die beiden letzteren bedachten die christliche Grundwahrheit von der „Auferstehung von den Toten" in einer ähnlichen Weise, wie es evangelische Theologen (z.B. Karl Barth) mit der „Ganz-tot-Theorie" versuchten: Der Mensch könne nur in seiner leibseelischen Ganzheit sterben. Die Konzeption einer über den Tod hinaus durchdauernden Seele widerspräche der Todeserfahrung und auch der biblischen Auffassung von dem einen und ganzen Menschen. Doch Gott sei so stark, daß er dem Ganz-Toten neues Leben schenken könne. Ratzinger opponierte und zeigte, daß der hellenistische Glaube an die Unsterblichkeit der Seele nicht einfachhin unbiblisch sei. Er stehe dafür, daß der Mensch über den Tod hinaus in das neue Leben der Auferstehung seine Identität bewahre, also derselbe bleibe.

Mit solchen Fragen kommt das Denken in Bereiche hinein, die über unser menschliches Verständnis und über die Möglichkeit einer adäquaten begrifflichen Formulierung hinausgehen. Aber da sie uns Menschen angehen, berühren sie Bereiche, die dennoch zu erfühlen, zu erahnen, zu erkosten sind. Eine Formulierung Ratzingers[64] hat nun eine Brücke geschlagen zur „Ganz-tot-Theorie": „Dialogische Unsterblichkeit", „Dialogische Auferstehungshoffnung". Das will sagen: Das persönliche, leibhafte Dasein des Menschen hat die den Tod besiegende Kraft der Auferstehung nicht aus sich – als lebte ein unvernichtbarer Kern im Menschen: Es hat diese Kraft aus Gottes Liebe, mit der er auf den Menschen schaut. Die Unsterblichkeit ist also letztlich keine Eigenschaft einer neuplatonisch aufgefaßten Seele, die nicht umzubringen ist. Sie liegt in der Liebe des Gottes, auf den der Christ vertraut. Sie gründet also im bleibenden, seinshaften Dialog zwischen dem Geschöpf und dem Schöpfer. Die Unsterblichkeit ist also eine Eigenschaft des Menschen, die genau dort zu finden ist, wo der Mensch von sich wegschaut und in den Dialog mit Gott eintritt. Man erinnere sich hierbei an Martin Luthers „Extra"-Dimension, daß nämlich die persönliche Glaubensgewißheit ihr Fundament „außer-

---

[63] Vgl. Greshake/Lohfink ⁵1982
[64] Zusammenfassend vgl. Nachtwei 1986.

halb", „extra" der eigenen Identität habe, dort also, wo der Mensch seine umgrenzte Persönlichkeit übersteigt. Damit nun wird der rationale Nachvollzug aufgesprengt zum persönlichen Glaubensvollzug. Diese Lehre kann nicht mehr in abstrakter Logik, sondern nur in eben diesem Dialog mit Gott, in dem auch ihre Evidenz gründet, recht verstanden werden.

In diesem Glaubensdialog (Gebet) gründet auch die Überwindung des neuplatonischen Dualismus von Leib und Seele; denn die Wahrheit der Auferstehung ist nicht mehr in irgendeinem substantiellen Etwas innerhalb der menschlichen Existenz oder in einer ihr gehörenden Eigenschaft verankert, sondern allein in Gottes Kraft, wohin sich der Mensch in seiner leiblich-personalen Ganzheit, nicht aber mit einer leibfreien Seelensubstanz wendet.

In der Geschichte der christlichen Spiritualität hat sich die neuplatonische, leibfeindliche Tendenz in den oft rigoristischen und manchmal auch masochistischen Selbstpeinigungen der Asketen[65] niedergeschlagen: Der Leib muß unterjocht werden, damit die Seele aus diesem Gefängnis (griechisch: soma=säma, d.h. Leib=Gefängnis, nach Platon) befreit werde. Es ist faszinierend zu sehen, wie diese falsche Ideologie auf die christliche Praxis einwirkte und auch immer neu überwunden wurde zu einem positiveren Verhältnis zwischen Seele und Leib.

In der zeitgenössischen Reflexion über die christliche Existenz ist theoretisch zwar die neuplatonische Leibfeindlichkeit überwunden, ob dies aber auch für die Praxis gilt und ob das Positive des Neuplatonismus (seine sublime Geistigkeit) ganz integriert ist, muß sich gerade am religiösen Tanz beweisen. Zweierlei ist hierzu beachtenswert:
– Einmal, daß die konkrete Leiblichkeit des Menschen viel stärker in den religiösen Vollzug hineingehört, als es in der christlichen Vergangenheit vertreten wurde. Wenn es keine „reine" Seele gibt, die getrennt ist vom Leib, gibt es auch kein „rein" geistiges Verhältnis zu Gott. Es gibt nur das „Ich", das sich im Gebet möglichst ganzheitlich zu Gott erheben soll. Zu diesem „Ich" gehört wesentlich – nicht nur beiläufig oder als

---

[65] Dinzelbacher, 1993 und 1994, hat dazu viel Material gesammelt, vgl. Stichworte wie: Armut, Askese, Blut, Buß, Dornen, Fasten, geheimes Leiden, Geißelung, Imitatio, Kreuz, Leiden, Lepra, Lepröse, Mitleid, Nägel, Nahrungslosigkeit, Narr, Passion, Pfeil, Sacknonnen, Seitenwunde, Stigmatisation, Stigmen, Tod, Wahnsinn, Weinen, Wunden, Wüstenväter usw.

Hilfsinstrument – das leibliche Dasein. Diese Ganzheit aber muß gerade in der Beziehung zu Gott vielfältig ins Spiel kommen – so vielfältig, wie auch das konkrete leibliche Leben ist. – Tanzen vor Gott aber ist aus der biblischen Auffassung von der Einheit des Menschen zweifelsohne eine Höchstform der betenden und verehrenden ganzheitlichen Haltung des Menschen vor Gott. Nicht vergessen werden darf dabei, daß der Tanz mit seiner Leibdimension geradezu „schreit" nach Kommunikation, nach Gemeinsamkeit.

– Ebenso wichtig ist der Hinweis, daß das menschliche Dasein seinen Tod nicht aus eigener Kraft zu übergreifen vermag, als ob in ihm eine unsterbliche Seelensubstanz hause. Die Unsterblichkeitshoffnung des Christen hat ihre Kraft ganz und gar aus dem Gegenüber zu Gott. (Das ist die Auffassung auch der christlichen Theologen, die der Seele schon aus ihr selbst heraus Unsterblichkeit zusprechen.) Die Unsterblichkeit der Seele ist eine dialogische. Gott – und nicht etwas Unzerstörbares, das unabhängig von Gott existiert – ist der Wesensgrund dafür, daß der Mensch seine irdische Kontingenz zur Unsterblichkeit hin überschreiten kann. Wenn also der Tanz die menschliche Existenz in ihrer Ganzheit ergreifen und dabei mehr sein soll als nur eine letzte Verzweiflungstat vor dem endgültigen Tod, mehr als ein trotziges Ja zur eigenen Vergänglichkeit, wie es in vielen Liedern besungen und getanzt wird, dann gehört der Bezug zu Gott ins Tanzen hinein. Der religiöse Tanz ist so gesehen keine Sonderform unter vielen Tänzen, sondern der Gipfel des Lebensgefühls, das sich im Tanzen ausdrückt. Es ist also nicht von ungefähr, daß viele Ethnologen einen gemeinsamen Ursprung von Tanz und Religion postulieren.

Ob also nicht gerade das Tanzen zu einer Form werden sollte, in der sich mancher seiner ewigen Bestimmung vor Gott bewußt werden könnte? Und ob nicht so gesehen auch der Neuplatonismus, der die Materialität und Leiblichkeit des Menschen ins Geistige hinein übersteigen will, eine wichtige Kontrollinstanz für das Verhältnis des Menschen zu seinem Leib bleiben muß: Ob nämlich die Leiblichkeit tatsächlich in der dialogischen Beziehung zu ihrem Schöpfer verlebendigt, getanzt wird?

c) Die psychologische Integration des ganzen Menschen

Eugen Drewermann macht – in seiner übertreibenden und oft polemischen Weise – auf eine entsprechende, verhängnisvolle Entwicklung im Christentum aufmerksam: Es sei nicht gelungen, die positiven Züge der antiken Mythen in die Wahrheit des Christentums einzubringen; dadurch habe sich ein Zwiespalt zwischen natürlicher Anlage und personaler Geistigkeit verfestigt. In den Mythen nämlich habe sich die Welt des Unbewußten und die Naturverankerung des Menschen niedergeschlagen, das also, was die Leibfeindlichkeit in ihrer Tiefe verursacht. Mit der vom Christentum neu entdeckten geistigen Personalität seien diese Wesenszüge des Menschen (Unbewußtsein plus Naturverbundenheit) unterdrückt worden:

„Die frühchristlichen Apologeten lehnten die bekannten Religionsformen mithin ab, weil in ihnen entweder die äußere Natur (der Kosmos) oder die innere Natur (die menschlichen Triebwünsche) vergöttlicht wurden; der Gott des Christentums hingegen sollte nicht etwas an der Natur, sondern ihr freier Herr und Schöpfer sein, und der Mensch nicht ein Etwas an seinen Trieben, sondern ihr freier Lenker und Gebieter.

Die außerordentliche geistige Energie, die in diesem Bruch mit der heidnischen Mythologie freigesetzt wurde, offenbarte sich alsbald in der Entdeckung der Personalität.

Mitten in diesem folgenschweren Aufbruch zur Entdeckung der Person, der in nuce (im Kern, JS) alles enthielt, was an kulturellen Werten im Abendland später überhaupt geschaffen und gestaltet wurde, sind, anfangs völlig verdeckt, dann aber immer klarer hervortretend, gleichwohl zwei außerordentlich zerstörerische Elemente angelegt...

(Einmal der Anthropozentrismus, der zur ökologischen Katastrophe führte, JS) ...

Das andere Element war die in sich widersprüchliche Verwerfung der heidnischen Mythen... Die Verwerfung der heidnischen Mythen war gleichbedeutend mit einer Spaltung der menschlichen Psyche in Kräfte, die als göttlich, und solche, die als ungöttlich oder sogar widergöttlich galten. Indem aber seit den Anfängen des Christentums die unbewußten Kräfte nicht nur eingeschränkt wurden, sondern aus theologischen Gründen als ‚unwahr‘ gelten mußten, konnte es nicht ausbleiben, daß der

Begriff der Person immer dünner, inhaltsärmer und formaler wurde. Die ,Person', von der in der Neuzeit die Rede ist, ist vollkommen auf das ,Bewußtsein' im Sinne von Descartes' Cogito (ich denke, JS) zusammengeschrumpft; es ist als ,Ich' vollkommen identisch mit ,Selbstreflexion' und ,Freiheit', – Bestimmungen, die den Bereich des Naturhaften, Unbewußten, Triebhaft-Dunklen, die Welt der in den Kategorien des Verstandes nicht mehr aussagbaren Wahrheiten der menschlichen Seele per definitionem (grundsätzlich, JS) ausklammern."[66]

Dieses „mythologische" Erbe der Antike aber habe die Leiblichkeit des Menschen mit den naturhaften Anlagen repräsentiert, was alles im Tanz erlebt und integriert wird. Mit dem vom Christentum geschenkten Bewußtwerden seiner Personalität habe der Mensch einen eisernen Vorhang zwischen Personalität, Geistigkeit und den Leib mit seinen naturhaften Anlagen erbaut. Dabei mußten religiöse Vollzüge wie der Tanz, in dem sich gerade die un- oder vor-bewußte Natur äußerte, radikal abgelehnt und – wie es bei manchen alten Theologen scheint – fast aus ihrem Wesen heraus als widergöttlich gebrandmarkt werden; denn in ihnen sei doch eben die ungeistige Natur durchgebrochen, die es im personalen Geist zu überwinden gelte.

Drewermanns einseitige Darstellung der Fehlentwicklung kann mittels vieler Zeugnisse der christlichen Kultur korrigiert werden.[67] Hugo Rahner hat in seinen zwei gelehrten Symbol-Mythen-Büchern auch vom Argumentationsgebiet Drewermanns her die Schwäche dessen Überlegungen gezeigt.[68] Einerseits nämlich hat Drewermann gänzlich übersehen, daß dieser Leib-Seele-Dualismus und die Abwertung der Körperlichkeit in breiten Kreisen des vorchristlichen Hellenismus noch stärker war als im Christentum; die Botschaft der Apostel trat in einen Raum ein, in dem diese Leibfeindlichkeit keimhaft angelegt war bzw. weithin bereits in voller Blüte stand. Und andererseits zeugt gerade die Welt der hellenistischen Mythen von einer Dämonie, die alle Lebensäußerungen durchzieht, insbesondere aber auch solche wie das ganzheitliche Tanzen. Man denke an mythische Frauengestalten wie Kirke oder Medea. Der Spötter

[66] Drewermann [6]1988, 519–527.
[67] Vgl. Sudbrack 1992 und 1993a.
[68] H. Rahner 1964 und 1995.

52

Apuleius (2. Jh.) läßt im „Goldenen Esel" Foris ihrem Geliebten, dem Haupthelden Lucius, von einer „Hexe" und ihrem „Tanzen" berichten: „Zuerst zog sich Pamphile splitternackt aus. Dann sperrte sie eine Lade auf und nahm verschiedene kleine Dosen heraus. Eine davon öffnet sie und holte aus ihr eine Salbe... beschmierte sich damit von der Ferse bis zum Schenkel... Dann rüttelte und schüttelte sie ihre Glieder. Diese waren kaum in wallender Bewegung, als schon ein weicher Flaum aus ihnen hervorsproß. Im nächsten Moment schon waren auch starke Federn gewachsen, hornig und krumm war die Nase, und die Füße hatten sich zu Krallen zusammengezogen..."[69] Ein altes Zeugnis für die naturhafte Hinneigung des Menschen zum Glauben um das Hexen-Unwesen.

Die Furcht vor der Dämonie der Leiblichkeit und damit des Tanzens ist kein typisch-christliches Verhalten, sondern durchzieht alle großen Religionen. Aber gerade deshalb muß (!) es Aufgabe des Christentums sein, den Leib von dieser „Dämonie" (Augustinus fand hier die Erbsündigkeit des Menschen) zu befreien – mit dem Erfahrungswissen, daß dies endgültig nicht möglich ist, sondern eine stete Aufgabe des ganzheitlichen Glaubens bleiben wird. Und wiederum: Hiermit bekommt der religiöse Tanz eine Aufgabe, die wahrscheinlich von keinem anderen psychosomatischen Tun des Menschen vollgültig ersetzt werden kann.

Am Ansatz Drewermanns nun lassen sich zwei wichtige Züge für die Integration des Tanzens ins Christentum ablesen.

– Einerseits ist das die therapeutische Funktion auch und gerade des religiösen Tanzes. Manche, uns heute pervers erscheinenden Züge einer vergangenen christlichen Aszese[70] rühren zweifellos von einer fehlenden Integration der eigenen Leiblichkeit her. Es gibt heute genügend therapeutische Hinweise, die einen fast bruchlosen Übergang von gesunder Körpererfahrung (was nicht heißen muß: Erfahrung eines gesunden Körpers) in eine gesunde Religiosität nahelegen. Der Wiener Psychoanalytiker Viktor E. Frankl wie der Schweizer Psychosomatiker Balthasar Staehelin versuchen in überzeugender Weise, die harmonische Einheit von Leiblichkeit und personaler Geistigkeit auch ins Religiöse hinein zu

---

69 Nach Biedermann 1974, 2–4.
70 Immer noch informativ und lesenswert dazu ist Schjeldrup 1928; vgl. Dinzelbacher 1993 und 1994.

integrieren. Beide gehen auch den umgekehrten Weg und versuchen, aus religiöser Sinn-Erfahrung und Sinn-Bejahung heraus, psychosomatische Fehlformen zu heilen.[71] Es ist Zeit, die Zäune zwischen Psychologie, -somatik, -analyse und christlicher Glaubenserfahrung abzubauen. Hier aber kann gerade das Tanzen die Rolle eines Katalysators spielen.

– Das andere ist die Rolle der Bilder im tanzenden Vollzug, wie er zum Beispiel von Martina Peter-Bolaender[72] zumindest berührt wird. Was im psychosomatischen Bereich schon zu beachten ist, wird im religiösen Bereich unabdingbar: Gewisse und gerade die wichtigsten Wahrheiten und Erkenntnisse lassen sich in reiner Begrifflichkeit nicht mehr eindeutig bestimmen. Es braucht dazu die bildhafte Vorstellung. Dies gilt im religiösen Bereich in potenziertem Maße. Nicht ohne humanen Grund bewegt sich die Mystik, also die Erfahrungsseite des christlichen Glaubens dann, wenn sie die Paradoxien der begrifflichen Aussagen in erfahrungsnahe Berichte überschreitet, in Poesie, Musik und Kunst. Liegt aber nicht gerade im Tanzen die Kulmination all dessen, was in Poesie, Musik und Kunst intendiert wird? So gesehen wird es in Zukunft wichtig sein, in der konkreten Tanzübung den Bild- und Erzählcharakter zu bewahren, der sich nicht reduzieren läßt auf begriffliche Einsichten.

5. Kurze Bilanz

Es ist ein gutes Zeichen für die Vitalität des Christentums, daß der Tanz beginnt, eine wichtige Rolle in der Frömmigkeit zu spielen. Dies gilt von vielen Ansätzen, die nahe bei der Volksfrömmigkeit liegen. Das zeigt sich aber auch an so prominenten Beispielen wie der „Ersten Tänzerin an der Pariser Opéra", Mireille Nègre. In ihrem Lebensbericht schreibt sie als Karmelitin: „Je mehr Gott mir ins Herz hinein sagte: ‚Tanze!', desto deutlicher erkannte ich meine Sendung. Ich mußte vor allem dafür Zeugnis geben, daß der Körper nichts Verachtenswertes war; daß er, im Gegenteil, die Inkarnation dieser brennenden Sehnsucht sein konnte, Gott mehr als jeden anderen und mehr als sich selbst zu lieben. Meine

[71] Vgl. Staehelin 1980 und 1983.
[72] Peter-Bolaender 1992.

Auffassung vom Körper, von seinem Ausdruck im Glauben, seiner Befreiung im Gebet und durch das Gebet – dahinter steht mit meine Erfahrung,
die ich in mehr als zehn Jahren als Berufstänzerin gewonnen habe... Jesus
will, daß wir so kühn sind, das Abenteuer der Jugend auch im Altern zu
wagen. Ich weiß aus Erfahrung, daß das Tanzen zu dieser Herausforderung fähig macht. Deshalb glaube ich, daß diese Kunst allen mehr
zugänglich werden muß. – Ich glaube auch an die Auferstehung des Tanzes
selbst."[73]

Einen ähnlichen, wenn auch weniger dramatischen Weg ging Schwester
Sara aus dem Kloster der Franziskanerinnen von Sießen.[74]

Ob die Theologie, also das Überdenken und Weiterführen des gelebten
christlichen Glaubens, diese Zeugnisse schon begriffen hat? Oder ob sie
noch dort steht, wo sie Hugo Rahner, der „Erneuerer der antiken
Bildtheologie", vorfand? Von ihm berichtet sein Freund Alfons Rosen-
berg, der bei ihm zum christlichen Glauben fand, daß er „nicht ohne
Bitterkeit" von seinen „Mitbrüdern im Jesuitenorden" und sicherlich
auch von den anderen theologischen Kollegen erzählte, daß diese „seine
Wiederentdeckung der patristischen Symboltheologie, welche Bild und
Dichtung, Mythos und Symbol in die Deutung der Glaubensüberlieferung
einbezog, für eine ästhetische Spielerei (hielten). Durch ihren einseitigen
Umgang mit der offiziellen abstrakten Begriffstheologie war ihnen der
Blick getrübt worden für die Möglichkeit einer Tiefentheologie, die nicht
nur den Intellekt, sondern den ganzen Menschen angeht. Hugo Rahner
sprach darum oft ... von einer ‚Vergehirnlichung' der Glaubensverkündi-
gung."[75]

In der heutigen Krise des mitteleuropäischen Christentums aber ist es
ein dringendes Gebot, daß die Ansätze des religiösen Tanzens nicht dieser
„Vergehirnlichung" zum Opfer fallen.

---

[73] Nègre ²1986, 88 f.
[74] Vgl. Stiefel 1994, 17.
[75] Rosenberg 1983, 111, 99 f.

Tanz im Chorgestühl?

Gedanken zum Tanz
auf dem Hintergrund einer kontemplativen Spiritualität

Emmanuela Kohlhaas OSB

Tanz im Chorgestühl – das klingt sehr ungewohnt, und die Vorstellung allein bringt uns entweder zum Schmunzeln oder erregt vielleicht auch Anstoß. Es liegt schon eine Provokation darin, und ganz bildhaft kommt dabei eine Spannung zum Ausdruck: Gebet und Kontemplation, symbolisiert durch etwas so Statisches wie ein Chorgestühl, auf der einen Seite und Tanz und Bewegung als Inbegriff von Dynamik auf der anderen Seite. Sind das Gegensätze? Paßt das wirklich so wenig zueinander? Oder gibt es da nicht vielmehr eine lebendige und fruchtbare Ergänzung, ja sogar ein ganz organisches und im Grunde selbstverständliches Ineinanderwirken?

Ausgehend von meinen eigenen Erfahrungen mit dem Tanz in einer benediktinischen Gemeinschaft möchte ich mich an das Thema von verschiedenen Seiten her herantasten. Dabei soll es zunächst um den Umgang mit der Leiblichkeit in Geschichte und Gegenwart des Ordenslebens gehen, ein Problem, das – wie ich glaube – unsere Haltung zu Tanz und Bewegung wesentlich mitgeprägt hat. In einem weiteren Ansatz möchte ich dann fragen nach der existentiellen Bedeutung des Tanzens und nach der Beziehung von Bewegung und Tanz zur Hl. Schrift und zu einer christlich-kontemplativen Spiritualität.

Zu Beginn aber will ich einen anderen zu Wort kommen lassen, einen Zisterziensermönch aus dem Kloster Langwaden, dem es für mein Empfinden in sehr lebendiger Weise gelungen ist, dichterisch einzufangen, wo Tanz und Bewegung im Leben eines Mönches oder einer Nonne ihren Platz haben. Als ich dieses Gedicht als Novizin zum ersten Mal las, hat es mich gleich fasziniert, denn ich fand mich selbst darin wieder. Das Gefühl des Verstandenseins hat mich, wenn ich den Text lese, bis heute nicht verlassen. P. Basilius Ullmann OCist schreibt in seinem Gedichtband „Erleben im Mönchtum":

Ein Fest

1
wenn du als mönch
leben willst
mußt du tanzen wollen
davon
kann man nicht lassen

denn du weißt
mönchtum
bedeutet ein fest
ein fest ohne ende

2
mit dem ersten schritt
über den schwellenstein
der pforte
wirst du in den Tanz
hineingerissen
durchgeschüttelt vom

rhythmus tausend
unentdeckter takte
das ganze haus
dreht sich um dich
du wirst es nie
im stillstand sehn.

3
musik dringt
an deine Ohren
leise kräftig schöne
von nie gesehenen instrumenten
aufgespielt
und stimmen lautvoll

wie trompeten einst
von jericho
sie lassen mauern dir
ineinanderfallen
frei bist du für
die feste gottes. ...[1]

1. Erfahrungen mit dem Tanz

Was mich selbst betrifft, so habe ich immer sehr gerne getanzt. Dabei habe ich meine Begeisterung für das Tanzen lange Zeit gar nicht reflektiert. Es war einfach schön und tat mir gut, und das genügte. Aber es steckt mehr dahinter: Wenn ich tanze, bin ich anders da als sonst. Es fällt nicht leicht,

[1] Ullmann 1975, 23f.

dies mit Worten zu beschreiben: Tanzend erfahre ich mich wacher, offener, ganz gegenwärtig, bin ganz bei mir selbst und doch selbstvergessen. Musik in Bewegung umzusetzen, darin liegt für mich eine Möglichkeit, meine eigene Lebendigkeit intensiv zu spüren und ihr einen Ausdruck zu verleihen. Da ist das Gefühl von Einssein mit Leib und Seele, die Erfahrung von Identität und Befreiung, von Kraft und Harmonie und die Möglichkeit, meinen Gefühlen Ausdruck zu verleihen. Das ergreift viel mehr als nur meinen Körper. Mich loszulassen hinein in die Musik und die Bewegung war sehr heilsam und wichtig für die leicht verkopfte junge Frau, die ich vor meinem Eintritt ins Kloster einmal war. So war und ist der Tanz für mich eine Erfahrung intensiven, verdichteten Lebens.

Als ich vor fast zwölf Jahren in ein Benediktinerinnenkloster eintrat, habe ich mir keine großen Gedanken darüber gemacht, was nun wohl aus meiner Freude am Tanz werden würde. Hätte mich jemand gefragt, so hätte ich sicher vermutet, daß Tanzen in einer solchen Lebensform nicht vorgesehen sei. Und ich hätte wahrscheinlich gar nicht gemerkt, daß sich in einer solchen Vermutung bereits ein bestimmter Frömmigkeitsstil und auch so etwas wie eine Klischeevorstellung vom kontemplativen Leben zu Wort melden, die ich unreflektiert übernommen hatte.

Allerdings hatte ich die Gemeinschaft, in die ich eintreten wollte, bei meinen Besuchen als sehr vital und lebensbejahend erlebt, einfach menschlich und natürlich – und daß mich dies wunderte, zeugt wieder von diesem unbewußten Klischee. Dabei war es gerade die sehr vielseitige und auch ganz konkret bewegte Liturgie der Kar- und Ostertage, die einen tiefen Eindruck auf mich machte. Zwar wurde dabei nicht getanzt, aber ich habe in diesen Tagen entdeckt, wie tief und lebendig auch die ganz schlichte Geste und Bewegung in der Liturgie sein kann. Und auch dies lernte ich kennen: daß ich mich in einem Kirchenraum frei bewegen kann und darf. Es beeindruckte mich sehr, Schwestern zu erleben, die mit größter Selbstverständlichkeit nicht nur auf Meditationshockern saßen, sondern auch mit weit ausgebreiteten Armen oder ausgestreckt am Boden liegend beteten.

Es war wohl kaum mehr als ein Zufall, daß ich zu einem Zeitpunkt zur Noviziatsgruppe hinzukam, als diese gerade damit beschäftigt war, ein Tanzspiel einzuüben – etwas, das frühere Generationen von Novizinnen so sicher nicht erlebt haben. Äußeren Anlaß zu diesem Spiel bildete irgendein Fest in der Gemeinschaft, aber gleichzeitig suchte und fand da wohl auch der Bewegungsdrang von acht jungen Frauen seinen Raum. Das Spiel hieß ganz einfach „Hände". Zu einem der Musik unterlegten Text haben wir alleine und gemeinsam im freien Ausdruckstanz die Möglichkeiten menschlicher Hände erprobt. Gerade das spielerische Ausagieren der Spannung zwischen Freude und Abwehr einem Neuankömmling gegenüber verhalf mir zu einem guten Einstieg in die Gruppe.

In den darauffolgenden Jahren sind wir dieser Fährte treu geblieben, und so gab es neben Leibarbeit, die zum Noviziatsunterricht gehörte, immer wieder einmal tänzerisch-spielerische Elemente, dies ganz ohne grundlegendes Konzept und zunächst einmal ausschließlich bei festlichen Anlässen außerhalb der Kirche, etwas, was übrigens auch für unsere alten Schwestern keineswegs neu war. Vor ein paar Wochen wurde ich Zeuge eines Gesprächs zwischen zwei alten Schwestern, die Erinnerungen austauschten: „Weißt du noch," hieß es da, „unter M. Alexia. Beim Namenstag mußte ich immer zuerst dieselbe Platte auflegen, und dann hat sie getanzt, zuerst alleine, dann alle..." Das ging dann meist bis Mitternacht, anschließend ging man zur Kirche zum nächtlichen Stundengebet. M. Alexia Hausmann, geb. 1886, war von 1948 bis 1964 Priorin unseres Klosters und somit zwischen 62 und 78 Jahren alt, als sich dies abspielte. Ich muß gestehen, ich hätte sie gerne einmal tanzen sehen.

Eines Tages wagten wir dann einen ersten tänzerischen Versuch in der Kirche mit einem Prozessions- und Lichtertanz während des abendlichen Stundengebets. Schwer zu sagen, wie es gerade zu diesem Zeitpunkt dazu kam. Es war eine spontane, aus der Situation heraus gewachsene Entscheidung. Und der Versuch fand ein weitgehend positives Echo. Auch wenn dieses Experiment für so manche Schwester sicher etwas Fremdes hatte, so fand sich zumindest eine große Bereitschaft zur Toleranz.

Inzwischen sind tänzerische Elemente in Chorgebet und Eucharistiefeier bei uns nichts Außergewöhnliches mehr, wohl aber nach wie vor Kennzeichen festlicher Anlässe und nicht Alltagsform unserer Liturgie. Und so wird es wahrscheinlich auch bleiben. Mir erscheint dies auch richtig so, denn ich schätze die tragfähige Nüchternheit unseres alltäglichen Chorgebetes sehr. Tanz ist nun mal in unserem Kulturkreis keine Form des Alltäglichen, sondern Ausdruck von Feier und Fest. Aber auch das schlichte Chorgebet enthält tänzerisch-spielerische Elemente. Es ist ein zugleich ruhiges oder besser: zur Ruhe bringendes wie rhythmisch bewegtes liturgisches Geschehen, in das der Beter mit Leib und Seele einbezogen wird. So braucht es nicht zu wundern, daß Tanz und Spiel gern verwendete Bilder für das Chorgebet sind.

In den vergangenen Jahren haben wir manches ausprobiert. Seit einiger Zeit wird regelmäßig Tanzen geübt von denen, die Freude daran haben, und es gibt erste, noch bescheidene Versuche der Weitergabe, die zu unserem Lebensrahmen passen und aus ihm herausgewachsen sind. Angesprochen sind dabei vor allem interessierte Gäste, die zu uns kommen. Uns ist dabei wichtig, daß wir einfach unser Leben teilen wollen. Deshalb findet das Ganze recht informell statt, und wir haben auch noch gar nicht versucht, ein Konzept zu entwickeln, sehen darin auch nicht unsere Aufgabe.

Außer der eigenen Phantasie und mancher Literatur gab es als Angebot und Anregung für die Schwestern thematische Wochenenden mit einem Tanztherapeuten, der hauptsächlich mit Ausdruckstanz arbeitet. Er gab uns viele wertvolle Anregungen und Hilfen für die einzelnen und für den Gruppenprozeß unter den jüngeren Schwestern. Weitere Impulse kamen ebenfalls von einer Tanztherapeutin, deren Tage bei uns den meditativen Tanz zum Inhalt hatten. So sind wir auch mit dem in Berührung gekommen, was heute vielerorts in Kursen angeboten wird. Das Echo bei den Schwestern war sehr gemischt. Manches war auch hier wertvolle Anregung. Manches andere aber, vor allem das, was uns dabei als spiritueller Hintergrund präsentiert wurde, löste auch Befremden aus. Zur Zeit suchen wir keine weiteren Impulse dieser Art, aber es findet bei uns auch weiterhin ein Gespräch und ein Suchen zum Thema Tanz und Bewegung statt. Ich bin gespannt, was daraus noch alles erwachsen wird.

Ein Beispiel, das einhellige Begeisterung fand, sei hier noch kurz erwähnt, weil sich daran besonders deutlich ablesen läßt, welche Form von Bewegungselementen in der Liturgie uns zur Zeit am meisten entspricht. Anläßlich einer ewigen Profeß am Fest der Darstellung des Herrn, die zur Folge gehabt hätte, daß an diesem Tag die Lichterprozession ausgefallen wäre, suchten wir nach einer Alternative. So erarbeitete eine Gruppe von sieben Schwestern eine Lichtfeier für das Chorgebet am Vorabend. Dabei entstand ein liturgisches Spiel aus Lichtsymbolik, einer sängerischen Improvisation über eine zum Tag gehörende lateinische

Antiphon und einem Bewegungsspiel, das in eine gemeinsame Lichterprozession mündete. Wir verteilten uns in der dunklen Kirche, und während wir uns gegenseitig den Ruf und die Sehnsucht nach dem Licht zusangen, wurde dieses aus der Mitte nach außen und dann gemeinsam wieder zur Mitte getragen und breitete sich dabei immer mehr aus. Auch wenn bei diesem Versuch die tänzerischen Elemente sehr zurückhaltend verwendet wurden, so hatten wir doch alle den Eindruck, hier sei die Integration des frei gestalteten Teils in die Liturgie und in die Gesamtgemeinschaft wirklich gelungen gewesen und ein Ausdruck gefunden worden, der verständlich und ansprechend war.

2. Zum Problem der Leiblichkeit im Ordensleben

Es braucht niemandem erklärt zu werden, daß Tanzen untrennbar mit unserer Leiblichkeit verbunden ist. Aber es lohnt sich, glaube ich, zu fragen, welche Haltung dem eigenen Leib gegenüber die Neigung zu tanzen fördert bzw. hemmt. Auch die Tatsache, daß der Tanz eben nicht schon seit Jahrhunderten einen selbstverständlichen Platz in unseren Klöstern und unserer Liturgie hat wie in anderen Kulturen, ist an sich schon manche Frage wert. Denn nicht nur die Frage nach dem Tanz, sondern auch die Frage nach der Leiblichkeit in der Geschichte und Gegenwart des Ordenslebens ist voll von Spannungen. So möchte ich im folgenden einige Aspekte dieses Spannungsfeldes skizzieren, die, wie ich glaube, unsere Beziehung zum Tanz besonders geprägt haben und auch jetzt noch prägen.

Vor einigen Jahren, als mich diese Frage gerade besonders beschäftigte, hielt uns ein Benediktinerpater Exerzitien. Ein Satz aus seinen Vorträgen ist mir im Wortlaut in Erinnerung geblieben. Er sagte: „Unsere Leiblichkeit findet in Askese und Liturgie ihren Ausdruck." Dieser Satz hat mich zugegebenermaßen zunächst einmal ziemlich geärgert. Was da gesagt wurde, erschien mir irgendwie zu eng, zu blaß, zu wenig lebendig. Darin konnte und wollte ich mich nicht wiederfinden. Bei genauerem Hinsehen war es gerade das Wort Askese, das in diesem Zusammenhang gebraucht, meinen Widerstand erregte: Es war irgendwie – wenn auch nur diffus – geprägt, und zwar auf eine Art, die ich mit Leiblichkeit nicht gut in Verbindung bringen konnte.

Wer einen Blick in die Ordensgeschichte wirft, kann dann auch leicht feststellen, daß „Askese" und „Leiblichkeit" zwei Begriffe sind, die in einem weit verbreiteten Ansatz asketischen Denkens in einem fast feindlichen Verhältnis zueinander stehen. Askese – so wurde das über Jahrhunderte hinweg meist verstanden – will die Seele zu Gott hin lenken und fördern, und eines ihrer bevorzugten Mittel in diesem Bemühen ist es, den Leib und seine Bedürfnisse in Schranken halten. Das dahinterstehende Menschenbild ist uns sehr geläufig. Der Mensch besteht demnach aus einem Leib und einer Seele. Der Leib gilt dabei als der minderwertigere Teil, der nur irdisch-diesseitig oft genug eher als ein Hindernis auf dem Weg zu Gott verstanden wird, denn als gottgewollter Träger unserer Existenz. Er wird als Feind, Sklave, Gefängnis und bestenfalls als Knecht oder Bruder Esel bezeichnet, während der Mensch doch gleichzeitig nicht umhin kann zu bekennen, daß er seines Leibes bedarf. So lesen wir zum Beispiel bei Mechthild von Magdeburg (ca. 1207–1282): „Die Seele spricht zum Leib: / Eia, mein allerliebstes Gefängnis, / in dem ich gefesselt bin, / ich danke dir, daß du folgest mir, / wenn ich auch oft geschlagen war von dir, / du bist mir doch zu Hilfe gekommen."[2]

So treten Leib und Seele in zahlreichen Texten als personifizierte Teile unserer Persönlichkeit auf, die miteinander reden, miteinander ringen, einander bekämpfen, aneinander leiden und doch unauflösbar aneinandergekettet sind. Die Atmosphäre, die in diesen Texten schwingt, ist kraftvoll, kämpferisch und entschieden, bisweilen auch aggressiv. So schreibt zum Beispiel der noch nicht lange seliggesprochene Gründer des Opus Dei, José Maria Escriva, in seinem Buch „Der Weg" (das bereits 20 Jahre nach seinem Erscheinen 1939 in 18 Sprachen übersetzt und in mehr als einer Million Exemplare gedruckt war):

„195 Jener Mann traf ins Schwarze, der sagte, daß Leib und Seele zwei Feinde sind, die sich nicht trennen, und zwei Freunde, die sich nicht ausstehen können.

214 Erkläre deinem Leib: Lieber will ich einen Sklaven halten als selber dein Sklave sein.

227 Du weißt doch, daß dein Leib dein Feind ist, Feind der Verherrlichung Gottes in deiner Heiligkeit. Warum faßt du ihn so weich an?"[3]

[2] Schmidt 1988, 66.

Diese Gedanken bilden keineswegs eine Ausnahme in ihrer Einstellung zum Leib, außergewöhnlich sind sie höchstens in der Kraft und Klarheit ihrer Sprache. Was darin zum Ausdruck kommt, ist nicht harmlos. Hier tobt ein Kampf, und dieses Gefecht wurde zwar nicht nur, aber doch in besonderer Weise in den Klöstern ausgetragen. Ja, die Klöster verstanden sich selbst als Orte, an denen dieser Kampf stellvertretend für andere ausgefochten wurde.

Das folgende Beispiel stammt aus der Tradition meiner eigenen Gemeinschaft. Es ist der sogenannten Tagesordnung entnommen, einer praktischen Ergänzung und Erläuterung zu Regel und Konstitutionen, die Mitte des 17. Jahrhunderts geschrieben wurde. Dort heißt es: „Bedenken wir, daß wir als Sterbliche, als Christen und als Ordenspersonen hienieden Pilgerinnen sind, der Welt und ihrer Freuden abgestorben und gekreuzigt, ... Sterben wir nach Seinem Beispiel (dem Beispiel Jesu) allen Dingen der Erde ab; sie seien sämtlich für uns, als ob sie gar nicht wären." Konkret soll das dann für die Bewegungsabläufe der Schwestern so aussehen: „Ihre Gebärden seien demütig und anstandsvoll, ohne jede Leichtfertigkeit; beim Sprechen machen sie deren keine mit Kopf und Händen. / Wenn sie die Hände frei und unbeschäftigt haben, so müssen sie dieselben unter dem Skapulier in die Ärmel stecken. / Sitzend beobachten sie den Anstand, welchen die Höflichkeit erfordert, und überlassen sich keinen weichlichen, unabgetöteten Manieren, denn selbst bei der Ruhe, die wir dem Körper zugestehen, müssen wir der Abtötung eingedenk bleiben. ... Unsere Schwestern berühren einander nicht, weder aus Spielerei noch zum Zeichen der Freundschaft, außer bei den Gelegenheiten, wo es erlaubt ist, sich gegenseitig die Nächstenliebe zu bezeigen. / Alle Freundschaftsbezeigungen der Weltleute untereinander, selbst jener ihres Geschlechtes, sind den Nonnen untersagt."[4]

Bis heute noch sind für viele Menschen kontemplative Klöster gleichbedeutend mit „strengen" Klöstern – im Sinne einer so verstandenen Askese. Als „Hauptwerkzeug" im Dienst einer solchen Askese finden wir neben Begriffen wie Opfer, Buße, Verzicht, Disziplin usw. vor allem das besonders sprechende Wort „Abtötung". So lautete das Programm, mit

[3] Escriva 1962, 47 u. 51f.
[4] de Bar 1888, 51, 90, 94.

dem die unliebsamen Impulse unseres Leibes so endgültig niedergekämpft und überwunden werden sollten, daß man sie für tot erklären konnte.

Ich möchte dies alles keineswegs pauschal abwerten. Bei aller Fragwürdigkeit aus heutiger Sicht gibt es auch Seiten, die mir großen Respekt abnötigen: Eindrucksvoll sind die Konsequenz und der Eifer, und dahinter brennt oft eine Leidenschaft für Gott, von der wir uns ruhig anstecken lassen sollten. In der praktischen Umsetzung ist die spirituelle Theorie dann auch meist durchsetzt von aus dem Leben heraus gewachsener Klugheit. Es wird ja bekanntlich nichts so heiß gegessen, wie es gekocht wird. Dies zeigt sich eben auch im praktischen Umgang mit dem Tanz, der nach dem oben zitierten Text eigentlich gänzlich unmöglich hätte sein müssen. Eine bewußt gewollte, in die Institution integrierte oder gar spirituell reflektierte Tradition des Tanzens konnte so allerdings gewiß nicht entstehen. Aber es wurde eben dennoch getanzt, und das durchaus auch schon einmal heftig, wenn auch nur an besonderen Feiertagen, weil es die Menschen dazu drängte und weil bei einem solchen Lebensstil Überdruckventile einfach nötig waren. So läßt sich unter dem Deckmantel eines solchen asketischen Denkens viel an Lebensweisheit und erstaunlich ganzheitlicher Lebensweise entdecken, die mich bei meinen ersten Kontakten mit dem monastischen Leben gleich fasziniert hatten.

Noch ein weiterer Gedanke zu der Frage, wie eine derartige Haltung zur Leiblichkeit wohl hat entstehen können: Es dürfte nicht schwierig, sein nachzuvollziehen, daß da tatsächlich verschiedene und oft genug gegensätzliche Strebungen im Menschen vorhanden sind, wodurch wir die Grenzen unserer Willenskraft oft schmerzlich erfahren. Der hl. Paulus führt uns im 7. Kapitel des Römerbriefes dieses Dilemma lebensnah vor Augen: „Was ich tue, verstehe ich nicht. Denn ich tue nicht, was ich will, sondern was ich hasse, das tue ich. (...) Ich weiß, daß in mir, d. h. in meinem Fleisch, das Gute nicht wohnt. Denn das Gute wollen, dazu bin ich bereit, aber nicht, es auszuführen. (...) Ich unglückseliger Mensch! Wer wird mich von dem Leib dieses Todes befreien?" (Röm 7,15.18.24).

Jeder kennt ein solches Ringen mit sich selbst. Die Frage ist nur: Wo liegen die Wurzeln des Konfliktes, und wie können wir damit umgehen? Eine Askese der Unterdrückung und Abtötung der unerwünschten Strebungen im Menschen ist ein Lösungsversuch, den wir bereits skizziert haben. In den vergangenen Jahrzehnten zeichnet sich nun gerade in der spirituellen Grundlage zur Frage der Leiblichkeit ein tiefgreifender Wandel ab. Das geschieht vor allem durch die Erkenntnisse der Humanwissenschaften, von denen manche im Laufe der Zeit in die Klöster und deren theologisch-spirituelle Reflexion Eingang gefunden haben. Zugleich findet eine Rückbesinnung statt auf die eigenen Quellen, die ausgewogenweise und menschlich-humorvoll etwas zu sagen wußten über den Menschen. Dies bleibt natürlich gebunden an Sprache und Kultur ihrer Zeit und ist oft nur verborgen zwischen den Zeilen zu lesen. Folgender Text, der sich an der Problematik der Arbeit über eine die irdische Wirklichkeit ablehnende Haltung lustig macht, stammt von den sogenannten Wüstenvätern, den ersten christlichen Mönchen überhaupt: „Man erzählte vom Altvater Johannes Kolobos, daß er einmal zu seinem älteren Bruder sagte: ,Ich will ohne Sorgen sein, so wie die Engel sorglos sind, und nicht arbeiten, sondern unaufhörlich Gott dienen.' Er legte sein Kleid ab und ging in die Wüste. Nachdem er eine Woche dort verbracht hatte, kehrte er zu seinem Bruder zurück. Als er an die Tür klopfte, erkannte ihn sein Bruder, bevor er öffnete, und sprach: ,Wer bist du?' Er antwortete: ,Ich bin Johannes, dein Bruder!' Der Bruder antwortete: ,Johannes ist ein Engel geworden und gehört nicht mehr zu den Menschen.' Da flehte er ihn an und sagte: ,Ich bin es doch!' Der andere aber öffnete ihm nicht, sondern ließ ihn bis zum Morgen in dieser unbequemen Lage. Erst dann öffnete er und sagte: ,Wenn du ein Mensch bist, dann mußt du arbeiten, damit du deine Nahrung findest.' Da bereute Johannes und sagte: ,Verzeihe mir!' "[5]

„Wenn du ein Mensch bist" ... – wir brauchen, wir können und wir dürfen dies nicht verleugnen.

Der Wandel im Umgang mit Fragen der Leiblichkeit zeigt sich schon in der Sprache, mit der neuere Bücher darüber sprechen: nicht mehr kämpferisch und ablehnend oder wenigstens mißtrauisch, sondern annehmend und bejahend. Als Beispiel diene ein Abschnitt aus dem Buch „Gesundheit als geistliche Aufgabe" – man beachte allein den Titel –, erschienen in der Münsterschwarzacher Kleinschriftreihe: „Unser geistliches Leben darf sich nicht über unsern Leib erheben. Unser Leib ist ein wichtiger Partner auf unserem geistlichen Weg. Er hat die Funktion, daß wir uns selbst

[5] Weisung der Väter 1965, 317.

besser kennenlernen, wenn wir auf ihn hören. ... Und ich soll in der Stimme meines Leibes Gott selbst vernehmen, der mich auf meine wirkliche Situation hinweisen und mir die Schritte aufzeigen möchte, die ich auf meinem geistlichen Weg gehen soll. Ich darf dankbar sein, wenn mein Leib ein Resonanzboden für Gottes Stimme ist, ..."[6]

Eine derartige Einstellung hat inzwischen vielerorts Fuß gefaßt. Wir haben entdeckt, daß es uns guttut, unserem Leib Aufmerksamkeit zu schenken, ihn ganz bewußt an- und ernst zu nehmen, ihn zu üben. Eine neue Form von Askese nimmt Gestalt an: Askese jetzt ganz im Wortsinn verstanden als Übung, so wie es die ursprüngliche Bedeutung des griechischen Wortes nahelegt. Ich möchte bewußt an dem Wort Askese festhalten, es aber in einem erweiterten Sinn verstehen, denn ich halte es für sinnvoll, wenn es uns an seine Geschichte erinnert. Eine jahrhundertealte Entwicklung streift man nicht einfach ab wie ein zu eng gewordenes Kleid. So etwas sitzt tief und braucht seine Zeit. Alle Entwicklung und Verwandlung wächst ja hervor aus dem bereits Gewordenen. Und außerdem hat die darin mitschwingende Bedeutung von Selbstbeherrschung, Disziplin und Verzicht ihren Wert, so sie nicht einseitig gelebt wird. Die Wiederentdeckung des Fastens und zahlreiche Aufrufe zur Selbstbeschränkung von seiten der Umweltschutzbewegung sind Signale dafür, daß eine menschliche Kultur ohne Verzicht in Selbstzerstörung endet. In dieser neu verstandenen Form von Askese stehen jedoch nicht mehr Abtötung und Überwindung der Leiblichkeit im Mittelpunkt, sondern ein Reifungsprozeß des Menschen, dessen Ziel und Zentrum die Integration ist. Damit ist eine Entwicklung gemeint, die den Menschen befähigen soll, alle Teilaspekte seiner Persönlichkeit bewußt wahrzunehmen und so ins Leben hineinzuholen, daß sie sich gegenseitig befruchten. Es soll ein einheitliches Ganzes entstehen, ohne daß ständig große Kraft aufgewendet werden muß, um unliebsame Impulse zu unterdrücken. Der Drache – uraltes Bild für unsere Vitalität – soll nicht mehr getötet, sondern in Dienst genommen, gezähmt und nutzbar gemacht werden. In ihm birgt sich nämlich eine enorme Kraft, die für ein geistliches Leben wertvoll und notwendig ist. Damit verliert dann auch der Leib seine Bedrohlichkeit und wird zu etwas Positivem und Bedeutsamem, eben zu einem „Reso-

---

6 Grün/Duffner 1989, 59ff.

nanzboden für die Stimme Gottes". Und es soll noch viel mehr integriert werden als nur unsere vitalen Kräfte. Der Weg dahin ist sowohl anspruchsvoll wie vielseitig und ganz individuell; es gibt viele Zugänge und Hilfen, jedoch weder ein Patentrezept noch eine allgemeingültige und eindeutige Zieldefinition. Man kann nur sehr schwer erklären, wie er denn nun sein soll, der reife und integrierte Mensch, aber jeder spürt es, wenn er einem begegnet. Auf einem solchen Hintergrund läßt sich das auch in den Klöstern erwachte Interesse an Ansätzen wie Leibarbeit, Eutonie und eben Tanzen sehr leicht verstehen. Es muß dabei nicht immer reflektiert werden. Oft wird ganz einfach die Erfahrung gemacht, das tut uns gut ...

Neben all dem, was da aus unserer eigenen Ordensgeschichte heraus gewachsen ist, tritt aus unserer modernen und inzwischen schon nachmodernen Gesellschaft von ganz anderer Seite noch ein Aspekt hinzu, der seine Wurzeln nicht in der kirchlichen Tradition hat, sondern in der hochtechnisierten Industrie- und Wohlstandsgesellschaft. Auch von dort scheint mir ein bedeutender Auslöser für das gewachsene Interesse an unserer Leiblichkeit und die Sehnsucht nach Bewegung zu kommen. Unsere Gesellschaft beschäftigt sich sehr ausgiebig mit dem menschlichen Leib, gibt sich sehr freizügig und hat auch mehr Möglichkeiten zur Verfügung als jemals in der Vergangenheit, wo es um Pflege, Erhalt, Wiederherstellung, Leistungsfähigkeit und Wohlbefinden unseres Körpers geht. Aber während eine verengt verstandene Askese den Leib als notwendiges Übel betrachtete, so droht die von Leistung und Konsum bestimmte Gesellschaft ihn zum Gebrauchsgegenstand und Luxusartikel zu degradieren oder ihn wie eine Maschine zu gebrauchen. Es ist merkwürdig und paradox: Im oft atemlosen Wirbel unserer Zeit gibt es ein auffälliges Defizit an konkret im eigenen Leib erfahrener Bewegung. Wir sind immer mehr und immer schneller unterwegs – und bewegen uns dabei immer weniger. Viele Menschen suchen daher nach einem Ausgleich und fragen nach einer einfacheren und ganzheitlicheren Lebensform – und kommen mit solchen Fragen auch in unsere Klöster. Wir sollten uns ruhig davon herausfordern lassen, denn dies haben die Orden zu allen Zeiten getan, und so sind sie auch entstanden, als gelebter Antwortversuch auf die aktuellen Fragen ihrer Zeit aus dem christlichen Glauben heraus.

All diese Gedanken zum Thema „Leiblichkeit im Ordensleben" bilden so etwas wie einen Hintergrund zum Spannungsfeld „Tanz und Kontemplation". Im folgenden möchte ich dem noch weiter nachspüren und grundsätzlicher fragen: Was bedeuten Bewegung und Tanz für den Menschen?

3. Bewegung und Tanz als Phänomene menschlicher Existenz

Manches habe ich schon angedeutet, aber ich möchte es nun noch einmal ausführlicher aufgreifen und ein wenig systematisieren. Noch vor jeder Frage nach der religiösen Dimension des Tanzens ist bereits der rein menschliche Blick auf Bewegung und Tanz sehr vielschichtig. Die Suche nach der Bedeutung von Bewegung und Tanz läßt sich unter anthropologischen, medizinischen, psychologischen, philosophischen, soziologischen, ästhetischen und noch manchen anderen Gesichtspunkten angehen. Das eine oder andere davon wird in meinen Überlegungen anklingen, aber es geht mir vor allen Dingen um das schlichte, nachvollziehbare Erleben.

Eines braucht sicher nicht weiter erklärt zu werden: Leben ist Bewegung, und Leben bezeugt sich in der Bewegung. Stillstand und Erstarrung sind die offensichtlichsten Kennzeichen des Zustandes, den wir Tod nennen. Aber Bewegung zeugt nicht nur vom Leben ganz allgemein, sondern in der Bewegung offenbart sich auch die oder der da lebt. Leben ist uns überhaupt nur soweit zugänglich, wie es sich uns offenbart und bezeugt. Leben an sich können wir nicht wahrnehmen; Leben ist immer konkret. So heißt einen Menschen kennen, seine spezifischen Lebensäußerungen zu kennen: die Art, wie er lacht, wie er schaut oder eine Geste, mit der er nach seiner Kaffeetasse greift. Diese kleinen Dinge machen im Alltag Nähe und Vertrautheit aus, und ich erinnere mich noch genau, wie gut es mir tat und wie heimisch ich mich im Kloster fühlte, als ich bemerkte, daß ich imstande war, meine Schwestern auch von hinten zu erkennen. Die Bewegungsabläufe eines Menschen sind höchst individuell und wandeln sich gleichzeitig von Situation zu Situation. Müdigkeit und Erregung, Lebensfreude und Angst und vieles mehr schlagen sich unmittelbar in der Art nieder, wie wir uns bewegen. Diese ganz enge Beziehung zwischen Psyche und Soma, zwischen geistig-emotionaler und physischer Verfaßtheit wurde Hintergrund und Basis für zahlreiche Therapieansätze mit recht verschiedenen Zielen, sei dies nun autogenes Training, Eutonie, Bioenergetik, Rolfing oder die initiatische Therapie Graf Dürckheims, um nur einige zu nennen. Geist und Seele des Menschen lassen sich über den Körper erreichen und umgekehrt. Dabei zeigt sich sehr lebensnah und erfahrbar, daß es die klassische Trennung von Leib und Seele so eigentlich nicht gibt. Sie ist bestenfalls ein Konstrukt, ein höchst unvollkommenes Modell für das Geheimnis Mensch, ein Modell, das Geschichte gemacht hat, das aber wie alle Modelle manches erklärt und vieles nicht fassen kann. Der Mensch läßt sich letztlich nicht in Einzelteile zerlegen. Dennoch lohnt sich der Blick auf die Verschiedenartigkeit dessen, was alles in uns geschieht, wenn wir uns bewegen, wenn wir tanzen.

Tanz ist Bewegung zu einer Musik, rhythmisierte und harmonisierte Bewegung (es müssen nicht unbedingt Rhythmus und Harmonie im klassischen musikalischen Sinne sein), und sei diese Musik nur durch ein Rhythmusinstrument wie zum Beispiel eine Trommel oder einfaches Händeklatschen erzeugt. Manchmal scheint sie auch allein einem inneren Erleben zu entspringen. Wenn von tanzenden Heiligen erzählt wird, haben diejenigen, die das bezeugen, oft überhaupt keine Musik gehört. Also ist es vielleicht doch nicht unbedingt die Musik, die eine Bewegung zum Tanz macht, sondern eher etwas, das in uns geschieht? Liegt der Unterschied zwischen Bewegung und Tanz nur in der Intensität und der Bewußtheit, die wir dabei erleben und die die oft ins Unbewußt-Automatenhafte entfremdeten Bewegungen einmal zum Zentrum unseres Lebensgefühls machen?

Tanz, das ist eine, wenn nicht die Hochform der Bewegung. Wer tanzt, liebt die Bewegung, sonst tanzte er nicht, er bewegt sich dabei mit dem ganzen Körper und dies oft auch noch heftig. Aber das alles macht noch nicht den Zauber des Tanzens aus. Tanz geht über die schlichte Bewegung hinaus. Da ist dieses so schwer faßbare Element der Intensität, der Leichtigkeit, des „Schwebens", vielleicht gar der Ekstase, was Menschen vom Tanzen fasziniert sein läßt und den Tanz in die Nähe der Religion rückt.

Die Grenzen, die den Tanz von der alltäglichen Bewegung trennen, scheinen fließend zu sein. Wir haben eine Neigung, alle einfachen, sich wiederholenden Bewegungen zu rhythmisieren, und wenn wir dabei singen, geht es uns noch einmal so leicht von der Hand, die Dinge kommen irgendwie in Fluß. Selbst das ständig laufende Radio oder der unentbehrliche Walkman zeugen noch, wenn auch verzerrt, von diesem menschlichen Bedürfnis nach musikalischer Anregung. Was sich da bereits im ganz Alltäglichen beobachten läßt, gehört zu den Grundeigenschaften des Tanzens. Tanzen belebt, regt an, stachelt mitunter sogar auf (zum Beispiel bei einem Kriegstanz). Die Bewegung, mag sie auch den Körper mit der Zeit ermüden – was Tanzende oft gar nicht bemerken –, weckt unsere vitalen und emotionalen Kräfte, ermöglicht uns, unsere Lebendigkeit deutlicher als sonst zu spüren. Aber auch das Umgekehrte geschieht: Aufgestaute Emotionen und Kräfte kommen im Tanz ins Fließen, dürfen einen Ausdruck finden und können so in der Bewegung losgelassen werden, seien dies nun Angst, Trauer, Enthusiasmus, Aggressionen, erotische und sexuelle Kräfte oder einfach undifferenziert überschüssige Energie. Sich-Austanzen kann eine sehr wohltuende Erfahrung sein. Als ich dies einmal als Leiterin einer Ferienfreizeit zusammen mit Jugendlichen tat, stand ich endlich atemlos zu Ruhe gekommen unmittelbar vor dem verantwortlichen Seelsorger, der unbemerkt den Raum betreten hatte. Die Intensität meines Tanzens spiegelte sich im fasziniert-entsetzten Blick seiner Augen: „Daß Sie so etwas können!"

Tanz eignet sich so in vielfacher Hinsicht als Energie- und Kräftetransformator zwischen psychischer Energie und Bewegungsenergie. Befreien und Kanalisieren, Entfesseln und Ordnen vollziehen sich gleichzeitig. Diese Doppelfunktion des Tanzens findet vielfache Anwendung, wo Tanz zu therapeutischen Zwecken eingesetzt wird.

Eine nicht unwesentliche Bedeutung kommt beim Tanzen der begleitenden bzw. aktivierenden Musik zu. Sie bestimmt zu einem guten Teil den emotionalen Gehalt eines Tanzes. Es ist ein Unterschied, ob ich zu einer volkstümlichen Melodie oder zu einer gregorianischen Antiphon tanze. Auswahl und Präsentation der Musik sind auch gerade dann von Bedeutung, wenn es uns um ein subtileres Erleben geht als das oben genannte. Denn es steckt noch viel mehr im Tanz als eine Gelegenheit zum Zulassen und Verwandeln unserer vitalen Kräfte. Es gibt auch ein ganz gesammeltes, konzentriertes Tanzen; die Erfahrungen von „Ekstase" und „Enstase" sind gleichermaßen möglich. Gerade das in sich gesammelte Tanzen hat den Charakter des Meditativen – was keineswegs heißt, daß dazu langsame, gefühlsbetonte Musik nötig ist. Es geht dabei u. a. um eine besondere Art von Konzentration und Offenheit. Wer schon einmal mit einem Wort (zum Beispiel Jesusgebet) oder mit dem eigenen Atem oder etwas Ähnlichem meditiert hat, wird dies leicht nachvollziehen können. Auch der Tanz vermag unseren allzu unruhigen, zerstreuten, stets alles kommentierenden und urteilenden Geist zu binden und zu konzentrieren, so daß er offen werden kann für etwas ganz Neues. Während ich tanze, bin ich ja nicht nur aktiv in Bewegung, sondern werde gleichzeitig zur Hörenden, nehme Verschiedenes wahr und auf. Ich höre gleichermaßen nach außen, auf das, was die Musik angibt, als auch auf das innere Echo dieser Musik. Aus diesem Echo, verbunden mit meinem inneren Bewegungsimpuls und geformt durch meine emotionale und geistige Verfaßtheit, erwächst erst meine unverwechselbare tänzerische Bewegung. Tanze ich frei, kommt noch in besonderem Maße die spontane, kreative Gestaltung dazu, die mir Raum gibt, meine Identität zu erfahren und zu entfalten. Hören, Spüren nach innen, Zulassen, Gestalten: Was hier in Worten so vielschichtig, fast kompliziert klingt, ist in der Erfahrung – wenn es gelingt, sich darauf einzulassen – ein einheitliches, dichtes Erleben. Der ganze Mensch wird ins Geschehen einbezogen. Es liegt nahe, daß dies auch der Übung, der Arbeit an sich selbst bedarf.

Beim geübten Tänzer – aber längst nicht nur da – wird dabei eine Bewegungssprache sichtbar, die das Individuelle übersteigt und zu einer allgemeinverständlichen Gesten- und Symbolsprache wird. Dies gilt vor allem auch für die tradierten, manchmal sehr alten Tänze in den verschiedensten Kulturen. Sie wollen etwas zum Ausdruck bringen und im Vollzug erfahrbar machen, was allgemeinmenschlicher Lebensweisheit entspringt. Symbole spielen dabei in allen Kulturen und Religionen eine große Rolle als Niederschlag menschlicher Lebenserfahrung. Sie helfen uns zur Orientierung und Bewältigung unseres Lebens lange vor und weit über unser begrifflich-logisches Denken hinaus. Sie haben verändernde, formende, fördernde und auch heilsame Kraft.

Ich bin mir sehr wohl der Tatsache bewußt, daß ich hier einen Themenkreis berühre, der von verschiedenen AutorInnen hinsichtlich seiner spirituellen Bedeutung sehr unterschiedlich bewertet wird. Ungeachtet dieser Diskussion möchte ich dies einfach so stehenlassen und an dieser Stelle meine Überlegungen zu Tanz und Bewegung beenden. Mir genügt es zu zeigen, daß Bewegung und Tanz selbstverständliche und kostbare Phänomene menschlichen Lebens und menschlicher Kultur sind. Darin liegt bereits ein wesentlicher Hinweis auf ihre Bedeutung für unser spirituelles Leben, ist doch unser Gott ein Gott, der das Leben will für den Menschen: heiles, erfülltes Leben – Leben in Fülle.

4. Tanz und Kontemplation

Die spirituelle Suche hat zahlreiche Menschen in den letzten Jahren Begriffe wie „Kontemplation" oder „Mystik" neu entdecken lassen. Diese werden dabei freilich oft in einem viel umfassenderen und häufig auch ganz anderen Sinn verstanden und gebraucht als in der christlichen Tradition. Mir geht es hier um die Reflexion einer christlich-kontemplativen Spiritualität, die aber offen und dialogbereit sein möchte. Wie können in einer solchen Spiritualität Bewegung und Tanz ihren Ort haben?

Dazu möchte ich zunächst auf die grundlegenden Texte des christlichen Glaubens schauen. Wie steht es um die Beziehung zwischen der biblischen Heilsgeschichte und dem Tanz und der Bewegung? Mich bewegt dabei weniger die Frage, ob und wie sich Tanz als Gebet aus der Hl. Schrift heraus rechtfertigen läßt, sondern ich möchte dem, was wir dort finden, einfach einmal nachspüren und versuchen, Kontakt aufzunehmen mit dem Geist, der in der Bibel weht, und mit den lebendigen Wurzeln meines Glaubens.

Wir finden nur wenige Stellen in der Hl. Schrift, die den Tanz konkret nennen, und doch zeigen sie ihn in der ganzen Ambivalenz seiner Möglichkeiten. Den wohl bekanntesten und zugleich positivsten Hinweis auf den Tanz finden wir gleich zweimal (in 2 Sam und 1 Chr). David tanzte vor der Bundeslade, während diese in einer Prozession nach Jerusalem hineingetragen wird. Die positive Bedeutung dieses Tuns wird noch dadurch unterstrichen, daß über Michal, die das Verhalten ihres Mannes kritisiert, ein hartes Urteil gesprochen wird: Sie bleibt ihr ganzes Leben unfruchtbar. Dem gegenüber steht die ebenfalls bekannte Szene aus dem ersten Buch der Könige, die vom Konflikt zwischen dem Propheten Elija und den Baalspriestern berichtet. Es geht um den Beweis, welcher Gott wirkmächtig und somit real ist. Da heißt es mit unverkennbar spöttischem Unterton: „Dabei hüpften sie (die Baalspriester) um den Altar" (1 Kön 18,26). Es gibt also beides: Tanz als Gottesverehrung und Tanz als Götzendienst. Dies zeigt, daß es gar nicht so sehr darauf ankommt, ob getanzt wird oder nicht, sondern – wenn es getan wird – aus welcher Haltung heraus es geschieht. Der Text aus dem Buch der Könige enthält eine deutliche Absage an die Magie und eine klare Unterscheidung des Gottesglaubens des Volkes Israels von der in seinem kulturellen Umfeld sonst üblichen Form der Verehrung von Göttern. Halten wir dies also fest: Die Bibel kennt und schätzt den Menschen, der vor seinem Gott tanzt, aber der Tanz ist kein magisches oder sonstwie übernatürliches – oder gar göttliches – Mittel, sondern schlichter Ausdruck der Anbetung, nicht mehr, aber auch nicht weniger. Und das ist schon sehr viel.

Ich möchte nun den Kreis noch weiterziehen und fragen, wie es denn um die Bewegung ganz allgemein in der Hl. Schrift steht. Für den Christen ist Gott Schöpfer und Ursprung alles Lebendigen, der sichtbaren und der unsichtbaren Welt. Er ist die Quelle des Lebens, und Leben ist Bewegung. Die Hl. Schrift wird nicht müde, uns davon zu erzählen, wie Gott sich offenbart, indem er seine Kraft erweist, wie er sich dem Menschen zuwendet und wie er sich verbirgt, wie er handelt und rettet. Gott geht auf den Menschen zu, spricht ihn an und will Antwort, gelebte Antwort, die Bewegung auf ihn zu. Das Ganze ist eine sehr bewegte, ja geradezu dramatische Geschichte – wie sollte es da unangemessen oder gar falsch sein, auf diesen Gott in bewegter Form zuzugehen, zu ihm zu beten? Auch Liturgie ist ein sehr bewegtes Geschehen, das uns die Heilsgeschichte vor Augen führen, ja gegenwärtig setzen will und zum Mitvollzug einlädt. Dieser Bewegung sollten wir uns bewußt werden. Das Drama Gottes mit den Menschen will gelebt, gefeiert, besungen, gespielt und getanzt werden. So sei hier einer nicht vergessen, der wohl dynamischste „Akteur" im Heilsgeschehen, dessen Wesen Bewegung ist: Ich spreche vom Heiligen Geist. Schon die Bilder, in denen die Bibel von ihm spricht, bersten von Dynamik: Wind, Sturm, Feuer ... Dies darf uns locken, inspirieren, herausfordern zu Bewegung und Tanz.

Christliche Spiritualität, so glaube ich, verträgt sich gut mit einem dynamischen Weltbild und kann das Bild vom „Kosmischen Reigen" – wie Fritjof Capra es nennt – sehr gut nachvollziehen. Aber eines gilt es zu betonen: Das Geheimnis, das sich hinter dieser Schöpfung verbirgt und gleichzeitig durch sie offenbart, ist für den Christen eine Person. Der Gott, den wir suchen und an den wir glauben, ist ein „Du". Seine Selbstoffenbarung findet in Jesus von Nazaret ihren Höhepunkt. „Er ist das Bild des unsichtbaren Gottes" (Kol 1,15). Das Geheimnis der Inkarnation führt uns am tiefsten und deutlichsten vor Augen, wie Gott zu seiner Schöpfung steht. Aber es bleibt ein Geheimnis: Jesus Christus, wahrer Gott und wahrer Mensch. Die Spannung, die in dieser Formulierung des Glaubensbekenntnisses liegt, ist nicht auflösbar.

Aus dem Geheimnis der Inkarnation heraus möchte ich Tanz als Gebet verstehen: Seit Gott Mensch wurde, kann es nichts Menschliches mehr geben, was ihm nicht nahe wäre und was sich nicht eignen würde als Mittel der Zuwendung zu ihm und der Bewegung mit ihm. Die Intention der Hinwendung zu Gott macht es wertvoll. Ob durch ein schlichtes Falten der Hände oder einen Tanz, Gott läßt sich erreichen, er ist unserem Suchen und Sehnen schon immer voraus und kommt uns entgegen. Das ist unsagbar viel, und das möchte ich feiern, gerade auch im Tanz, in der Bewegung.

Wie aber paßt dies alles zu einer kontemplativen Spiritualität? Würde jemand sie danach fragen, würden viele Menschen – so sie überhaupt damit etwas anfangen können – wahrscheinlich sagen: Kontemplation habe vor allem mit Stillsein, Besinnlichkeit und Zurückgezogenheit zu tun. Und einen kontemplativen Menschen stellt man sich vielleicht etwas entrückt vor, zurückhaltend, immer leise, vielleicht ein bißchen blutleer, eher passiv und irgendwie schon nicht mehr ganz von dieser Welt, aber bestimmt nicht tanzend, vital und lebensbejahend. Viele der großen Mystiker geben da ein ganz anderes Bild, sei dies nun Hildegard von Bingen, Teresa von Avila, Franziskus oder Johannes vom Kreuz. Sie sind wach, vital und leidenschaftlich engagiert, gestaltende Persönlichkeiten ihrer Zeit und Kultur, schier unermüdlich, kreativ und kontaktfreudig, kritisch, bisweilen auch kämpferisch …, und sie haben durchaus getanzt, und dies meist spontan. So berichtet uns zum Beispiel Thomas von Celano über den hl. Franziskus: „Zuweilen machte er es also: Wenn der Geist in seinem Innern in süßer Melodie aufwallte, gab er ihr in einem französischen Lied Ausdruck, und der Hauch des göttlichen Flüsterns, den sein Ohr heimlich aufgefangen hatte, brach in einen französischen Jubelgesang aus. Manchmal hob er auch, wie ich mit eigenen Augen gesehen habe, ein Holz vom Boden auf und legte es über seinen linken Arm, nahm dann einen kleinen, mit Faden bespannten Bogen in seine Rechte und führte ihn über das Holz wie über eine Geige. Dazu führte er entsprechende Bewegungen aus und sang in französischer Sprache vom Herrn."[7]

Und auch eine Bußpredigt kann getanzt werden: „Als er (Franziskus) nun vor diesen erlauchten Fürsten (Papst und Kardinäle) stand ..., begann er ohne Furcht und Zagen zu reden. Und er sprach mit solch feuriger Begeisterung, daß er vor Freude nicht mehr an sich halten konnte; während er seine Worte aussprach, bewegte er die Füße wie zum Tanze, nicht aus Übermut, sondern weil er vom Feuer der göttlichen Liebe gleichsam glühte, und darum reizte er auch die Zuhörer nicht zum Lachen, sondern erzwang tiefen inneren Schmerz."[8] Soweit Franziskus als Tänzer.

Aber es stimmt natürlich trotzdem: In kontemplativen Klöstern wird viel geschwiegen, es gibt viel Zeit für Alleinsein, Betrachtung und Gebet. Allerdings darf dies nicht als Selbstzweck verstanden werden. Die Stille, die gesucht wird, soll erfüllte Stille sein, und die Einsamkeit, in die wir uns zurückziehen, soll belebte und erfüllte Einsamkeit sein und Ort der Begegnung. Wenn der oder die Kontemplative seinen oder ihren Bewegungs- und Aktionsradius freiwillig einschränkt, so geschieht dies, um sich dem zuzuwenden, was sich im Inneren des Menschen bewegt, um dort Freiraum zu schaffen. Denn – so sagen die Mystiker – der „Ort", an dem wir Gott begegnen können, an dem er schon immer auf uns wartet, liegt tief verborgen im Innern des Menschen: Das Innehalten des betenden Menschen steht so nicht im Gegensatz zur Bewegung, sondern Bewegung und Ruhe sind wie zwei Zwillingsschwestern, die einander bedürfen. Wir bringen die Bewegung zur Ruhe, gehen zur Mitte hin und umkreisen diese (das geschieht in Meditation und Betrachtung), damit von dorther eine neue Bewegung geboren werden kann, eine Bewegung, die Antwort ist auf den Anruf und Anspruch Gottes und die uns gemäßer ist als das hektische Vielerlei, in dem wir uns so leicht verzetteln. Ein Wort aus dem Buch der Weisheit, mit dem wir in der Liturgie der Kirche seit Jahrhun-

[7] Celano 1955, 356f.
[8] AaO. 14.

derten das Weihnachtsgeheimnis besingen, bringt für mich eindrucksvoll zur Sprache, wie Ruhe und Bewegung sich berühren, ineinander übergehen, ja einander hervorbringen. Da heißt es: „Denn während tiefstes Schweigen alles umfing, … da sprang sein allmächtiges Wort vom Himmel her" (Weish 18,14f). Manches, was ich jetzt gesagt habe, klingt schon fast wie eine Anleitung zum Tanz, der den Menschen einsammelt, aus der Bewegung zur Ruhe führt, damit ein Raum des Schweigens geschaffen wird, aus dem heraus ein neuer Tanz erwachsen könnte.

An dieser Stelle möchte ich zwei für mich wesentliche Unterscheidungen anbringen. Die erste betrifft das Verhältnis von Intellekt und Gefühl und den Umgang mit den Erfahrungen, die sich beim Tanzen machen lassen. Tanzend kann ich meine Gefühle und Gestimmtheiten zum Ausdruck bringen und auch ganz neue, manchmal tiefe und meist irgendwie emotional eingefärbte Erfahrungen machen; die Musik, die Gemeinschaft, die darin erlebte Harmonie und vieles mehr tragen dazu bei. Das ist an sich schön und gut und kann sogar heilend wirken und mir neue Dimensionen eröffnen. Nur wäre es ein Mißverständnis, wollte ich diese oft sehr subtilen und manchmal religiösen Gefühle zu schnell als Erfahrung einer besonderen Nähe Gottes interpretieren. Die großen christlichen Mystiker sind da ungemein nüchterne Menschen; sie messen den Wert einer religiösen Erfahrung an dem, was konkret daraus erwächst, an der Fähigkeit zur alltäglichen Lebensbewältigung, am Verhalten in Gemeinschaft, an der Belastbarkeit des Betroffenen und ähnlichem mehr. Gerade der Tanz ist auch ein ausgezeichnetes Medium, um sich in irgendwelche Gefühlszustände hineinzusteigern. Die beim Tanzen gemachten Erfahrungen müssen in den Alltag, auch in den Alltag meiner Glaubenspraxis, integriert werden und sollten auch kritisch hinterfragbar sein. Es gibt in unserem Kulturkreis eine Tendenz zu einseitiger Verkopfung, aber ein unkritisches Schwelgen in Gefühlen kann da kaum Abhilfe schaffen. Ich möchte dies etwas überspitzt einmal so formulieren: Es gehört schon einiges an Verstand dazu zu wissen, wann es an der Zeit ist, den Verstand beiseite zu lassen. Wie alle Wege und Methoden, die den Menschen an seine innere Wirklichkeit heranführen wollen und sich mit spirituellen Fragen befassen, bedarf auch das meditative Tanzen der Disziplin. Darum finde ich es angemessen, wenn auf diese Notwendigkeit und auch auf mögliche Gefahren hingewiesen wird, so bei Hilda Maria

Lander und Maria-Regina Zohner in ihrem Buch „Meditatives Tanzen":
„Die Meinungen gehen auseinander. Manche sagen, Meditation sei für
jeden und grundsätzlich positiv, andere warnen, daß intensive Meditation
nur für Leute mit bestimmten Fähigkeiten sei, für Gesunde, vor allem für
psychisch Gesunde. Dahinter liegen Erfahrungen. Nur ein bißchen Meditation sei keine Meditation, sagen wieder andere.

Meditierendes Bewegen und Tanzen liegt zwischen strenger Meditation
(z. B. Zen-Meditation) und Entspannungstechniken. (...)

Ganzheitlich meditierend bewegen und tanzen bedeutet, daß intensivere Erfahrungen gemacht werden können (nicht müssen). Disziplin und
Zeit sind notwendig."[9] Der behutsam tastende und suchende Ton ist für
dieses Buch kennzeichnend und läßt zugleich erahnen, wie vieldeutig der
Gebrauch von Worten wie „Meditation" und „Spiritualität" geworden
ist.

Dies rührt bereits an die zweite kritische Bemerkung, die ich machen
möchte. Sie hat mit dem Ziel des religiös suchenden Menschen zu tun.
Wen oder was suche ich? Dies ist – wie der Gebrauch der oben genannten
Begriffe – längst nicht eindeutig, aber auch keineswegs beliebig. So
erscheint mir zum Beispiel folgende Sicht als einer christlichen Spiritualität nicht angemessen (ich zitiere M.-G. Wosien): „In den meditativen
Übungen ist die Annäherung an das Göttliche ein psychologisches Um-
sich-Kreisen, um alle Aspekte des Selbst betrachten zu können."[10] Ich
möchte das Ziel meines Suchens anders benennen: Alles, was mir auf dem
Weg begegnet, seien das nun emotionale Erfahrungen, geistige Erkenntnisse, neue Dimensionen meiner selbst, Kräfte und Energien – hier haben
auch Symbole und Archetypen ihren Ort und ihre Bedeutung –, die
gesamte innere und äußere Wirklichkeit, wie immer ich sie auch erlebe,
dies alles kann mir Zeichen und Hinweis auf dem Weg der Suche nach
Gott sein, es ist aber niemals das Ziel. „... denn alles, Erde, Meer, Himmel,
Gestirne, die ganze sichtbare und unsichtbare Schöpfung, sagt ja: Ich bin
es nicht!", schreibt die Benediktinerin Corona Bamberg.[11] Die oder der
Kontemplative sucht immer noch dahinter, nach dem Geheimnis Gottes,

9 Lander/Zohner 1987, 47f.
10 M.-G. Wosien 1985, 30.
11 Bamberg 1977, 23f.

das sie oder ihn angerührt hat und nicht mehr losläßt. Es kann schön und kostbar sein, danach auch tanzend zu suchen, wenn es auch – wenigstens in unserem Kulturkreis – dafür noch keine erprobten Wege gibt und eine einfache Übertragung der Erfahrungen aus anderen Kulturen und Religionen Probleme mit sich bringt. Ein anderer zeitgenössischer Autor, der irische Jesuit William Johnston, schreibt: „Dies ist wichtig, weil ich glaube, einige moderne Menschen meinen, sie würden sich mit Religion befassen, während sie in Wirklichkeit nur ihre innere Welt erforschen. Es stimmt zwar, daß die Welt des Mystikers und die Welt des Seelenforschers vieles gemeinsam haben und sich auch überschneiden. Beides sind innere Räume, erfüllt von hypnagogischen Bildern, unbewußtem Sprechen, eindrucksvoller Symbolik und leidenschaftlichem Aufruhr. Während aber das Interesse des Wissenschaftlers auf diese innere Welt selbst gerichtet ist, ist der Mystiker leidenschaftlich verliebt in die Wirklichkeit, die hinter dem Bewußtsein liegt. Sein ganzes Denken kreist um etwas oder um jemanden, nach dem er sich liebend sehnt, den er aber nie voll erfassen kann. Die Erweiterung des Geistes und die Stufen seines Bewußtseins“ (und, so möchte ich hier ergänzen, die auf welchem Weg auch immer gemachten Erfahrungen) „sind für ihn unwesentliche Folgen seiner großen Liebe.“[12]

5. Zum Schluß: Offene Fragen und Wünsche

Was die Beziehung von Tanz und Kontemplation betrifft, so bleiben für mich noch viele Fragen offen. Wir stehen da noch ganz am Anfang, und es scheint mir schon sehr viel wert und ein wichtiger Schritt zu sein, Fragen zu stellen, die uns weiterführen.

Kontemplative Spiritualität meint keinen Status, der sich an einer bestimmten äußeren Lebensgestaltung und -form festmacht. Es geht vielmehr um einen inneren Reifungs- und Wandlungsweg des Menschen auf seinen Gott hin in eine immer tiefere und lebendigere, das Ganze des menschlichen Lebens umfassende Gottesbeziehung hinein. Dabei drängt sich die Frage auf nach Entwicklungsschritten und Phasen, nach Metho-

[12] Johnston 1978, 89f.

den und Hilfen auf dem Weg der Kontemplation: Wie wird einer ein kontemplativer Mensch, und was ist damit eigentlich gemeint, wie geht das vor sich? Genauso lohnt es sich, im Hinblick auf Tanz und Bewegung zu fragen: Was geschieht mit einem Menschen, der sich engagiert und verbindlich auf den Tanz als Weg einläßt? Wie verwandelt sich dabei mit der Zeit seine Beziehung zum Tanz, zu sich selbst, zu seiner Umwelt? Wie verändert sich sein Tanzen? Wie steht es eigentlich um das „Dreiecksverhältnis" von Tanz, Liturgie und Kontemplation? Auch die Beziehung von Liturgie und Kontemplation ist schon immer spannungsreich und fruchtbar gewesen.

Die Liste der Fragen ließe sich noch leicht verlängern. Um aber überhaupt ein solches Fragen erst sinnvoll werden zu lassen, braucht es vor allem Menschen, die Erfahrungen gemacht haben. So scheint es mir ein wichtiges Anliegen zu sein, Ausschau zu halten nach Menschen, die beides in ihrem Leben zu verwirklichen suchen: Tanz und Kontemplation. Auch könnte ein Dialog sehr hilfreich sein zwischen Menschen, die den Tanz zum zentralen Inhalt ihres Lebens gemacht haben, und solchen, die sich für einen kontemplativen Weg entschieden haben – und die zu so etwas wie „Meistern" auf ihrem Weg herangereift sind. Gemeinsam gälte es nach Zielen, Wegen und Erfahrungen, nach Berührungspunkten und Gemeinsamkeiten zu suchen, genauso wie nach dem, was vielleicht unvereinbar sein könnte.

Kommen wir zum Ende, auch wenn sich noch vieles sagen ließe. Abschließend möchte ich noch einmal hervorheben, was sich für mich wie ein roter Faden durch alle Überlegungen zieht. Bewegung und Tanz haben, so glaube ich, ihren Raum und ihren Sinn auch in einer christlichen Spiritualität mitteleuropäischer Prägung. Es steht zwar noch vieles an Experiment und Arbeit aus, um den Tanz wirklich organisch darin zu verwurzeln, aber dies braucht niemanden zu entmutigen, der sich darum bemüht. Solche Prozesse brauchen ihre Zeit, und die Zeit wird auch von alleine eine Auswahl treffen, die das Bewährte weitergibt und alles andere zurückläßt. Auch wird unser Maß an Bewegung und Tanz gewiß ein anderes sein und bleiben als zum Beispiel für einen Afrikaner, genauso wie wir unsere eigene Form finden müssen. Das ist Inkulturation – einmal umgekehrt. Neben der Auseinandersetzung mit dem tänzerischen Kulturgut anderer Völker sollten wir auch nüchtern und unterscheidend an das herangehen, was uns zum Thema Tanz auf dem „Markt der spirituellen Deutungen und Möglichkeiten" geboten wird, ganz nach dem Wort des Apostels Paulus: „Prüft alles, das Gute behaltet."

An zwei Schwerpunkten könnte ich mir Tanz und Bewegungselemente als besonders bereichernd vorstellen: nämlich zum einen als Hilfe dort, wo es um die Integration von Leiblichkeit und Vitalität in das Ganze unseres Lebens und unserer Spiritualität geht. Ein Thema, das, wie wir ja gesehen haben, aus der Geschichte christlicher Spiritualität heraus vielfach belastet ist. Und zum zweiten würde ich mir wünschen, daß Bewegungs- und Tanzelemente uns helfen, die ja längst vorhandene Bewegung in unserer Liturgie tiefer und bewußter zu entdecken und neu zu beleben, gerade auch in den ganz einfachen liturgischen Formen und Gesten. Die in der Liturgie verwendeten Bewegungs- und Tanzelemente sollten, so meine ich, organisch aus dieser herauswachsen und in sie zurückführen, dann können sie fruchtbar sein in einem Geschehen, dem das Spielerisch-Bewegte keineswegs fremd ist.

Und so schließe ich mit einem Zitat aus Hugo Rahners Büchlein „Der spielende Mensch", in dem für mich vieles schwingt von der Suche nach dem Geheimnis Gottes in und durch unsere menschlich-irdische Wirklichkeit und das einlädt zu sehen, zu hören, zu fühlen, zu tasten, zu riechen, zu schmecken, mit allen Sinnen Ausschau zu halten nach diesem Gott … im Beten, im Feiern, im Singen und Musizieren und eben auch in der Bewegung und im Tanz.

Er schreibt: „Immer wird diese Kirche des menschgewordenen Logos ihr tiefstes Geheimnis einhüllen in die Fülle der schönen Gesten, der gemessenen Schritte und der edlen Gewänder. Immer wird sie die ‚spielende Kirche' sein. Denn sie nimmt das Fleisch, den Menschen, göttlich ernst."[13]

[13] H. Rahner ⁹1983, 59.

Tanzen als Beten –
eine Aufgabe für das christliche Leben von heute

Josef Sudbrack SJ

Ich war bestürzt, als ich bei Rainer Ruß las, daß der lukanische Tanztext (7,31–32: „Wir haben für euch die Flöte gespielt, und ihr habt getanzt") mit der Liturgiereform aus dem eucharistischen Gottesdienst gestrichen wurde.[1] Zeigt das nicht, wie tief verwurzelt die theologische Engführung noch immer ist?

Dabei ist – trotz allem – die christliche Frömmigkeitsgeschichte ohne Vorstellungen vom Tanz nicht zu begreifen. Auch wenn das konkret vollzogene Tanzen weithin aus dem kirchlichen Raum verbannt war, so kommt doch besonders in den Texten über den „mystischen" Tanz eine Sehnsucht nach der ganzheitlichen, leiblichen Glaubensfreude zu Wort, deren Gipfel nur das Tanzen sein kann.

1. Gotteserfahrung als Tanzlied erlebt und gesungen

Den vielleicht schönsten solcher Texte über das Tanzen verdanken wir Mechthild von Magdeburg. Sie lebte im 13. Jahrhundert als Begine in Magdeburg. Beginen wurden Frauen genannt, die sich bewußt dem religiösen Leben widmeten, ohne in eine feste Klostergemeinschaft einzutreten. Mechthild mußte sich wegen der Anfeindungen, die ihr aufgrund ihrer zeit- und kirchenkritischen Äußerungen gemacht wurden, in den berühmten Schwesternkonvent zu Helfta zurückziehen. Dort starb sie von den Mitschwestern hochverehrt gegen Ende des Jahrhunderts (ca. 1282/94). Wir wissen kaum mehr von ihr, als sich aus ihren sieben

---

[1] Ruß 1979; ich habe es überprüft und fand wenigstens die Matthäus-Parallele am 2. Sonntag im Advent.

Büchern über das „Fließende Licht der Gottheit" und den wenigen Berichten der Helftaer Kommunität ergibt. Aber alles, was wir wissen, zeigt: Sie war eine starke Frau, die mit beiden Füßen im Leben stand, und zugleich eine überaus sensible Persönlichkeit voll poetischer Kraft. Mit ihrer Liebesmystik bringt sie das fühlende Wesen einer Frau ein in die Beziehung zu Gott. So konnte sich ihre Ganzheitserfahrung mit Gott gar nicht anders als ganzheitlich in ihrer fraulichen Spiritualität niederschlagen. Tanzen war für sie keine hohle Metapher, sondern eine Lebensenergie, in der ihr ganzes Fühlen schwang, auch wenn wir von einem konkreten leibhaften Tanzen bei ihr nichts wissen.

Im ersten Buch[2] schildert Mechthild einem „Gottesfreund" den „Minneweg" zu Gott. Dabei spielt das „tantzen" eine tragende Rolle. Ein Blick in den hier verkürzt wiedergegebenen Text kann helfen, die religiösen Möglichkeiten der Tanzerfahrung abzuschätzen und sie in den christlichen Vollzug einzuordnen. Beschrieben wird der „Aufstieg der Seele zu Gott" (Bonaventura), so wie ihn eine Frau erlebte und erträumte:

a) Die Askese

Zuerst wird der Heilige Geist gebeten, Mechthild über äußerliche und innerliche Alltagsbarrieren hinwegzutragen: auch über den Schmerz der Reue, über die Mühe der Buße, über die Lockungen des Fleisches, über den verwünschten Eigenwillen usw. Die Sehnsucht des Herzens muß gleichsam freigelegt werden.

b) Die Gemeinschaft

Dann vernimmt Mechthild die Stimme des Jünglings, der ihr zuruft:

Ich muß ihr entgegen (gehen).
Es ist jene, die Kummer und Minne miteinander erträgt.

Und so begibt sie sich „in den Wald zur Gesellschaft heiliger Leute", läßt

---

[2] Nach der Übersetzung von Schmidt, verglichen mit der kritischen Ausgabe von Neumann 1990, 27–32. Ich habe den verkürzt wiedergegebenen Text in sechs Stufen eingeteilt und oftmals mit eigenen Worten zusammengefaßt. Sätze in „Reimprosa" sind in Stichen (Versform) wiedergegeben.

sich von ihnen mit Tugenden der Demut, der Keuschheit, „des heligen geruchtes" (des guten Rufes) einkleiden. Doch der Jüngling kommt noch nicht.

Da sendet sie Boten aus, denn sie will tanzen.

Diese Szene spiegelt die Erfahrung, daß Mechthild in der Glaubensgemeinschaft Abrahams und seiner Nachkommen leben darf. Sie erfährt sich eingeborgen in der „Sehnsucht der Propheten", in der „reinen Demut unserer Frau sankt Marien" und all der anderen Heiligen. Ihr Vorbild und ihre Anleitungen führen sie auf ihren Weg und lassen die Sehnsucht entbrennen.

c) Die Meditation

Das gibt dann einen lieblichen Tanz zu Lob und Preis (ein schöner loptanz)
Da kommt der Jüngling und spricht zu ihr:
Jungfrau, Ihr sollt so anmutig nachtanzen, wie Euch Meine Auserwählten vorgetanzt haben.
Da spricht sie:
Ich kann nicht tanzen, Herr, Du führtest mich denn.
Soll ich sehr springen,
Mußt Du selber vorsingen.
Dann springe ich in die Minne,
Von der Minne in die Erkenntnis,
Von der Erkenntnis in den Genuß (gebruchunge),
Vom Genuß über alle menschlichen Sinne.
Dort will ich verharren und doch höher drängen.
Und der Jüngling muß also singen:
Durch Mich in dich.
Und durch dich von Mir. (Dur mich in dich und dur dich von mir)
Gerne mit dir, von dir ungern. (Gerne mit dir, noete von dir)
Der vorbereitende Tanz, der noch gar kein richtiges Tanzen ist, geht nun über in die Initiative des Jünglings. Mit ihm kann Mechthild einschwingen in die himmlische Harmonie. Betont wird die Initiative dieses Jünglings, in dem Mechthild die Liebe Jesu erfährt. Von ihm geht die Kraft aus und

verschlingt sich gleichsam mit Mechthilds Initiative – Tanzen als ein Bild für die Einheit von Gottes Wirken und menschlicher Freiheit, das genauer ist, als spekulativer Scharfsinn ergründen kann. Gemeinsam tanzend lädt der Jüngling, der für Jesu Liebe steht, sie dann ein zur tiefsten Begegnung mit Jesu selbst:

Jungfrau, in diesem Lobetanz habt ihr Euch sehr schön geschwungen. Ihr sollt mit der Jungfrau Sohn euren Willen haben, denn Ihr seid herzlich müde. Kommt am Mittag zu der Schattenquelle in das Bett der Minne. Dort sollt ihr Euch mit ihm erholen.

d) Die totale Entäußerung

Jetzt bereitet die Seele sich noch intensiver auf die allerinnigste Begegnung vor. Sie legt alles Eigene ab, ihre Tugenden, ihre Verehrung der Heiligen, selbst ihre Kindesliebe zu Maria. Sie muß dorthin streben, wohin ihre innerste Natur drängt, losgelöst von allem anderen, hin auf Gott:

Wie könnte ich denn meiner Natur widerstehn?
Ich muß von allen Dingen weg zu Gott hingehn,
Der mein Vater ist von Natur,
Mein Bruder nach seiner Menschheit,
Mein Bräutigam von Minnen
Und ich die seine ohne Beginnen.

e) Die Liebeseinigung

Wenn sie denn als
Allerliebste zu dem Allerschönsten in die verborgenen Kammern der unsichtbaren Gottheit eintritt,
findet sie der Minne Bett und Gelaß, von Gott übermenschlich bereit.

„Unser Herr" aber will haben, daß sie nackt sei. Sie wehrt sich aus einer vermeintlich natürlichen Scham dagegen; spirituell könnte man sagen: aus dem Verwurzeltbleiben in den kreatürlichen Belangen. Doch der Bräutigam hebt sie über diesen letzten „Eigen"-Sinn hinweg:

Frau Seele, Ihr seid so sehr in mein Wesen gehoben (genaturt in mich),
daß zwischen Euch und mir nichts sein kann.
Da antwortet sie:
Herr, nun bin ich eine nackte Seele,
Und Du in Dir selber ein reichgeschmückter Gott.
Unser zweier Gemeinschaft
Ist ewiges Leben ohne Tod.
Da geschieht eine selige Stille
Und es wird ihrer beider Wille.
Er gibt sich ihr, und sie gibt sich ihm.

f) Die Rückkehr

Doch dieses kann nie lange sein.
Denn wo zwei Geliebte verborgen sich sehen,
Müssen sie abschiedslos voneinander gehen.

2. Tanzen als Meditation

Das Tanzen in diesem symbolvollen Text nimmt vor allem die Stelle dessen
ein, das heute mit „Meditation"[3] bezeichnet werden kann: methodisches
Einüben der Sensibilität für Werte; hier ist es der Wert des „Seelenbräu-
tigams" Jesus Christus. Es geht also nicht oder doch weniger um Tanzen
als Ausdruck einer inneren Gestimmtheit, von welcher Grundbestim-
mung Teresa Berger ihre Analyse ansetzt[4]; es geht um ein Tanzen,
wodurch ein Wert, ein Ziel, eine Begegnung verinnerlicht, internalisiert
werden soll.

Für die Tanzkultur ist es hilfreich, diese beiden Möglichkeiten des
Verstehens, besser gesagt: die beiden Richtungssinne an dem einen Phä-

---

[3] Vgl. Sudbrack in: Lexikon der Sekten, Sondergruppen und Weltanschauungen [3]1991.
[4] Vgl. Berger 1985b. Ihr erstes Kapitel trägt den Titel: „Tanz als Ausdruck des Glaubens".
AaO. 5: „Tanz aber ist prinzipiell den zweckfreien Bewegungen zuzurechnen, die ihren Sinn
in sich selber tragen. Er ist Ausdrucksbewegung." Natürlich kann man dies nicht vom
meditativen Zug trennen (AaO. 7): „Latente Gefühle vom rhythmischen Hintergrund des
Lebens können ausgedrückt und ausgelebt werden, wodurch ein Gefühl von Harmonie und
Wohlbefinden entsteht."

nomen des Tanzens zu unterscheiden. Tanzen kann heißen: einer inneren Stimmung freien Raum zu geben, sie lebendig werden zu lassen in Gesang und Bewegung. Natürlich geht dann auch mit diesem Tanzen die Intensivierung oder gar das Neu-Wachwerden einer inneren Stimmung Hand in Hand.

Tanzen kann aber in umgekehrter Richtung betrachtet werden: ein Phänomen, das sich außerhalb der eigenen Existenz befindet („Gegenstand" dafür wäre ein nur technischer und zu kalter Begriff), in die eigene Innerlichkeit, ins persönliche Erfühlen und Erspüren einzulassen. Man kann zum Beispiel einen Baum ertasten, seine Frische riechen, seiner Verästelung mit den Augen nachgehen, das Rauschen seiner Blätter hören und so langsam seine lebendige Schönheit ins eigene Innere eindringen lassen. Aber wenn man ihn gleichsam tanzt und umtanzt, wenn man sein Wachsen und sein Verwurzeltsein mit dem eigenen Leib nachbildet, wenn man mit ausgebreiteten Armen zu erfahren sucht, was Verästelung, was Fruchttragen und Weiterschenken der Früchte bedeutet, wenn man ihn besingt und dieses Singen tanzt, dann dringt die Gestalt dieses Baumes in ihrer Schönheit tiefer in die eigene Existenz hinein, als das nur durch ein unbewegliches Anschauen möglich ist. Natürlich beruht auch diese Verinnerlichung darauf, daß etwas von dem mit dem Baum Symbolisierten schon vorher in der eigenen Tiefe angelegt war. Daher spricht H. Rahner mit C. G. Jung von Archetypen.

Hier wird dasjenige berührt, was Eugen Drewermann mit seinem „Bild-Denken" herausstellt: Viele und die wichtigsten Tatsachen, Erfahrungen, Ideale des Lebens lassen sich nur in poetischer, in Bild-Sprache ausdrücken. Das Verinnerlichen der Gestalt des Baumes durch Tanzen und auch durch Anschauen wird nur jemand nachvollziehen können, dem der Baum mehr ist als ein funktionales Ding, das in den Zweck-Nutzen-Zusammenhang des technischen Denkens und Manipulierens aufgelöst werden kann, der den Baum nicht in „gegenständlicher" Meditation, sondern als Lebewesen erfahren will.

Was von einem Baum gilt, gilt stärker noch von anderen Werten. In Berlin habe ich auf einem Spreedampfer erlebt, daß die Menschen durch Mitschwingen mit den Bewegungen des Wassers die Wellen, das lebendige Dahinfließen des Wassers, mit(er)leben wollten, also „meditierten". Das Tanzen nach Musik trägt doch eher den Richtungssinn von außen, von der Melodie und dem Rhythmus der Musik, nach innen und nicht den des inneren Schwingens ins Außen der Musik und des Rhythmus hinein. Die Ballettänzerin gibt sich zwar tanzend in die Musik und die Choreographie hinein, aber das gelingt ihr nur, weil sie vorher schon Musik und Choreographie durch das Tanzen in ihr eigenes Innere hineingeholt hat. Und mir scheint, man kann sich einen Menschen, einen Tanzpartner „ertanzen", im gemeinsamen Tanz seine Persönlichkeit, sein Innenleben erspüren. Ein Partnertanz, dem dies nicht gelänge, bliebe äußerlich und unpersönlich, oder er würde sogar zum Egotrip der eigenen Persönlichkeitsverwirklichung, zu der einer den Partner nur benutzt. In der Sexualität würde man dies Selbstbefriedigung anhand eines anderen nennen. Damit aber würde die Perversion einer vollen und ganzen Meditation beginnen.

Von diesen Überlegungen her wird Mechthild vom Magdeburgs tanzender „Aufstieg der Seele" zum Paradigma menschlicher Begegnung mit Gott.

Am Anfang steht eine Art Askese, durch welche die eigene Sensibilität für Gott geweckt und – soweit es möglich ist – freigelegt werden soll. Dann oder gleichzeitig damit geht Mechthild in den „Wald" der Gemeinschaft, der großen Vorbilder und der tragenden kirchlichen Einbindung. Hier vernimmt sie den „Ruf des Jünglings", den sie selbst noch nicht sieht, und sie möchte tanzen; das heißt, sie pflegt ihre Sensibilität für Werte, mit denen die reine Funktionalität der Dinge überschritten wird. Sie kann es nur tun im Reigentanz ihrer Sozialisierung, in der Tradition kirchlicher Gemeinschaft. Darinnen aber, in ihrem eigenen und dem gemeinsamen Tanz, hört sie die Stimme des Jünglings und läßt sich von ihm in die eigentliche Meditation führen. Das irgendwie noch äußerliche und angelernte Tanzen wird zum inneren Erleben der gegenwärtigen Liebe Jesu Christi.

Dies aber genau ist der Sinn der religiösen Meditation: im methodischen Umgang mit einem Text, einem Bild, mit der Natur, mit einem Menschen den Wert dieser Phänomene erfahren und die Begegnung mit ihnen vertiefen oder sich vertiefen lassen zur Erfahrung des absoluten Wertes, zur Erfahrung Gottes. Mechthild zeigt schön, wie sich in dieser Vertiefung der Meditation ihre eigene Initiative weitet in die Initiative des Jünglings, d.h. in die Liebe Jesu Christi hinein. Dies schildert sie mit der

Metapher des Tanzes. Doch man muß es nicht eigens betonen: Es ist keine bloße Metapher, sondern die leib-seelische Erfahrung Mechthilds selbst, die hier ausdrückt: „Durch Mich in dich, / Und durch dich von Mir." Ob nicht tatsächlich das Tanzen (als Metapher oder als lebendiges Tun) mehr von der Liebe Gottes weiß als die notwendigen (!) Versuche zu einer Definition der Gottesbegegnung, wie sie z.B. A. M. Haas in vorbildlicher Phänomennähe unternimmt: „Mystische Erfahrung ist ein am Mysterium orientiertes, nicht leicht mitteilbares, letztlich unsagbares Erkenntnis- und/oder Liebesgeschehen zwischen Mensch und Gott, das vom Menschen als gnadenhafte, ohne Anstrengung empfangene Einigung mit Gott erfahren wird – selbst wenn dabei das Motiv der erfahrungshaften Ferne zu Gott, der ‚regio dissimilitudinis' als Begleitphänomen auftritt."?[5] Tanzen ist mehr als Definieren, möchte man hierzu sagen.

Mechthild läßt die Tanzmystik sich weiterentwickeln. Die von ihr beschriebene totale Entäußerung mit der Angst davor nennt Johannes vom Kreuz „Dunkle Nacht des Geistes". Der Höhepunkt des Hingabe-Erlebens ist zugleich „ewiges Leben ohne Tod" wie Durchzogensein von Trennungsschmerz. Der Alltag des „zeitlichen Lebens" wird durch solch eine Erfahrung ja nicht aufgehoben, sondern von seiner eigentlichen Sinngebung her neu verstanden und erlebt. Dasjenige, was die Tanz-Meditation schon von Anfang an in sich barg, ist in die volle Sichtbarkeit getreten. Tanzen ist zum Gebet geworden, zum Eintreten in die Begegnung mit Gott, ein Eintreten, das nicht befreit vom, sondern fähig macht zum Leben in der Welt. Mechthild beschreibt dies mit der deutlichen Sehnsucht, die Menschen innewohnt, die ganz von Gott ergriffen sind.

Es ist erstaunlich, was alles in dieser jede Metapher übersteigenden Erfahrung des Tanzens liegt: Tanzen ist ein ganzheitlicher Vollzug, der von unten her getragen ist durch die Aszese, also durch das bewußte Sich-Freimachen und Üben, durch das methodische Sich-Bereiten, ein ganzheitlicher Vollzug, der sich nach oben öffnet in die Erfahrung des liebenden Einsseins mit Gott. Unsere üblichen Bestimmungen von Gebet und Meditation abstrahieren oft von der Leiblichkeit oder verurteilen den zur Bewegung geborenen Leib zum unbeweglichen Verharren. In der Theologie kann das in vollkommener Abstraktion enden. Aber in der

[5] Haas 1989, 42f.

Tanzerfahrung Mechthilds sind Gebet und Meditation erlebter, unmittelbarer Vollzug des Menschen in seiner leib-seelischen Ganzheit.

3. Tanzerfahrung in theologischer Reflexion

Anthropologisch gesehen müßte eigentlich Tanzen und nicht das Liegen auf der Couch oder das Sitzen auf dem Beratungsstuhl des Psychotherapeuten der „Königsweg" zur psychologischen Gesundung sein. Viele therapeutische Bemühungen laufen heute in diese Richtung.[6] Anzufragen sind auch Meditationsbemühungen, die das schweigende (ohne Musik) Sitzen (ohne Bewegung) als Gipfel des Meditierens anpreisen. Tanzen ist oft auch nur noch der Ausdruck einer inneren Erfahrung, nicht aber die Verinnerlichung eines Wertes, dem der Mensch begegnet. Die Verarmung des Meditierens wird von vielen ganzheitlicheren Meditationsmethoden aus Ostasien überstiegen.

a) Der Glaube an die Inkarnation als grundsätzliches Ja zum Leib

Den Frömmigkeitshistoriker muß es erstaunen, daß die Lehre von der Menschwerdung des ewigen Wortes Gottes, die schon im Johannesevangelium (1,14: „Und das Wort ist Fleisch geworden") theologisch eingeschärft wird[7], so wenig Einfluß nahm auf einen voll-körperlichen Vollzug der Frömmigkeit. Neben dem bereits dargestellten Einfluß des Neuplatonismus und dem Absetzen von heidnischen und gnostischen Gefahren helfen zum Verständnis dieser Engführung sowohl die eschatologische Ausrichtung des Christen, der sein letztes Ziel jenseits dieser Zeitenabläufe weiß, als auch die Gnadentheologie, nach der nicht die menschliche Leistung, sondern die göttliche Gnade das Schicksal des Menschen bestimmt.

---

6 Zu erwähnen sind besonders die Veröffentlichungen des Junfermann-Verlages mit der Reihe: Kunst – Therapie – Kreativität, vgl. Peter-Bolaender 1992, oder die „Konzepte der Humanwissenschaften" des Klett-Cotta-Verlages; vgl. Siegel 1986.
7 Vgl. Hengel 1993. Er hat gezeigt, daß der Autor des Evangeliums, „neben Paulus", der „größte theologische Denker in der frühen Kirche" (254) ist und daß sein Werk dem einzigen Anliegen dient, „das ,unmögliche' christologische Paradox darzustellen", das „vere Deus und vere homo" (265).

Für uns heute aber muß das Dogma der Inkarnation einen Ansporn bilden, dem religiösen Tanz die Rolle zuzuweisen, die ihm gebührt und die besonders notwendig ist in einer Zeit, da der Glaube erfahrungsleer zu werden droht. Die Schlußfolgerung aus diesem Dogma ist doch wie selbstverständlich: Wenn Gott Mensch oder – wie Johannes betont – Fleisch wurde, dann gehört alles Leibliche mit hinein in die Gottesbegegnung, die uns durch diesen menschgewordenen Gott, durch Jesus von Nazaret eröffnet wird. Karl Rahner geht mit Recht so weit, daß er von der „ewigen Bedeutung der Menschheit Jesu für unser Gottesverhältnis" spricht.[8] Im Religionsgespräch mit den meditativen Religionen Ostasiens ist es dieses Thema, das neben dem trinitarischen Glauben sowohl die Kluft zu ihnen wie zugleich deren Überbrückung zu ihrer Frömmigkeit bildet.[9]

Es ist zu selbstverständlich, als daß sich lange Erörterungen darüber lohnen: Die Menschwerdung Gottes in Jesus von Nazaret impliziert die Forderung, daß alles Menschliche, soweit möglich, eingebracht wird in den „Aufstieg der menschlichen Seele zu Gott". Dazu gehört nicht zuletzt der Leib in seinen konkreten Äußerungen. Meditieren im vollen Sinne und mehr noch leibliches Meditieren – mit anderen Worten: Tanz – sind nicht nur gute, sondern recht gesehen notwendige Wege, um dieser Forderung gerecht zu werden.

b) Die Möglichkeit einer Perversion der Leibbejahung

Diskussionswürdig scheint es mir kaum noch, daß der religiöse Tanz zur zukünftigen Gestalt christlichen Lebens und Glaubens gehören soll, sondern diskussionswürdig ist vielmehr, wie die Gefahren dessen Mißbrauchs zu erkennen und zu überwinden sind. Man muß dazu nicht von Dämonie sprechen, obgleich manche Erscheinungen der heutigen Disco- und Rock-Kultur[10] (kaum aber die Traditionen schamanistischer und urreligiöser Kulte) dazu Anlaß bieten könnten.

---

[8] Vgl. K. Rahner 1953, 279–288; das Thema aber durchzieht Rahners ganzes theologisches Schaffen.
[9] Vgl. Sudbrack 1982a sowie (mehr psychologisch) 1994.
[10] Unentbehrlich zur gerechten Beurteilung ist die Beschäftigung mit kulturhistorischen Phänomenen, z.B. im abendländischen Mittelalter, vgl. Hammerstein 1974; dann werden

Diese Frage ist weniger schwerwiegend, wenn man den Tanz als Ausdruck des religiösen Gefühls betrachtet. Hierbei können unkluge Übertreibungen geschehen, aber ansonsten ist er inhaltlich-theologisch von dieser inneren Erfahrung her bestimmt und von dort her zu beurteilen. Wenn man aber das Tanzen als Meditation, gleichsam als Weg von außen nach innen betrachtet, lassen sich deutlichere Gefahrenstellen ausmachen. Es sind die gleichen, die auch dem religiösen Meditieren innewohnen können. Wer sich nämlich in eine intensive Erfahrung hineinbegibt, kann leicht bei ihr allein verbleiben und dann gleichsam nur um das Ich oder das „Selbst" kreisen. Man kann sich z.B. in die oben beschriebene tänzerische Erfahrung eines Baumes oder auch des eigenen Ichs hineinleben und – weil die Erfahrung so tief ist – dabei stehenbleiben.

In einem anderen Zusammenhang[11] versuchte ich dies bildhaft durch das Unterscheiden von „geschlossener" und „offener" Struktur (Meditation, tänzerische Bewegung) zu veranschaulichen: Die Kurve einer Parabel, die sich in eine unendliche Weite hinein öffnet, kann dabei vor Augen stehen und eine menschliche Haltung versinnbildlichen. Eine Erfahrung in ihrer Sensibilität für Werthaftes ist der Boden, die Basis der Parabel. Jeder Mensch braucht einen Erfahrungsgrund, damit seine Sensibilität (des Meditierens, des Tanzens) sich weiten kann zur Unendlichkeit des Göttlichen; dann erst verdient sie den Namen „religiös". Je gefüllter nun dieser Erfahrungsgrund ist, um so erfahrungsgesättigter kann die Parabel sich öffnen, um so mehr wächst aber auch die Gefahr, bei diesem Erfahrungsgrund stehenzubleiben und ihn zu „schließen". Die Lebensfülle, die man in der Tanzmeditation eines Baumes erfährt, oder die Identitätserfahrung beim Austanzen des „Selbst" scheint dann für sich zu genügen. Im wirklichen religiösen Tanz aber muß sich dieses Ruhen in der (Baum-, Selbst-)Erfahrung öffnen auf den größeren, dies alles übersteigenden Grund hin, den das Christentum Gott nennt.

Aber gerade für heute bleibt wichtig: Der religiöse Mensch braucht die unmittelbare, gleichsam empirisch lebendige Erfahrung, um ins Religiöse hineinzugelangen. Ohne persönliches Betroffensein ist jede Hinwendung

---

moderne Phänomene verständlicher, die Bäumer (²1989) polemisch beschreibt, besonders ab 93; ausgeglichener bei Bubmann 1988.
11 Vgl. Ruhbach/Sudbrack 1984; thematisch in Sudbrack, Was heißt christlich meditieren? 1986.

zu Gott, jedes Beten nur ein äußerliches Wortemachen. Teresa von Avila fordert dieses Betroffensein, diese Erfahrungsbasis in der Subjektivität des Menschen, wenn sie vom „Inneren Beten" spricht.[12]

Meditation und Tanz können und sollen gerade heute in einer Zeit, da der Glaube für viele erfahrungsleer geworden ist, dieses Betroffensein, diese Sensibilität des Menschen neu wecken und vertiefen. Damit schenken sie dem Gebet die Innerlichkeit, ohne die kein wahres Beten möglich ist. Doch diese Basiserfahrung muß sich – wie eine Parabel – in die Weite, in das Geheimnis, (christlich gesprochen:) in Gottes unendliches Du hinein öffnen, um nun den Namen „religiös" zu verdienen.

Ein und dieselbe Basiserfahrung aus der Empirie, aus dem unmittelbar leiblich gegebenen Raum kann also in sich selbst steckenbleiben. Wenn diese Selbstfindung und Werterfahrung religiös überhöht wird, verzerrt sich Religion zur Selbsterfahrung. Die gleiche Erfahrung kann aber auch helfen, die Hinwendung, die Offenheit zum Absoluten, zum „ganz Anderen", zu Gott erfahrungsgemäß zu verlebendigen und intensivieren. Ein und dieselbe Erfahrung kann im Betroffensein, in der wach gewordenen eigenen Sensibilität verharren, sie zum Selbstbesitz machen, zum Aufbau der eigenen Identität benutzen und so – das geometrische Bild wird damit verzerrt – die Offenheit der Parabel zum Kreis verschließen. Das kann in therapeutischer Hinsicht wichtig und hilfreich sein. Doch eben diese gleiche Erfahrung kann zur Basis für die lebendige Begegnung mit Gott werden; und darüber sollte kein Zweifel herrschen: Die Erfahrungsleere des heutigen Christentums kann nur über solche Basiserfahrung neu überwunden, erfüllt und bereichert werden. Und diese Basiserfahrungen leben vom leiblich Gegebenen her, sei es die Erfahrung der eigenen Leiblichkeit, sei es der emotionale Umgang mit dem, was einem sinnenhaft begegnet.

c) Konkrete Hinweise zur religiösen Offenheit der Tanzerfahrung

In der christlichen Spiritualität spricht man an dieser Stelle von der „Unterscheidung der Geister". Die große Tradition der Mönche oder eines Ignatius von Loyola[13] weiß von der Behutsamkeit und der letzten

---

[12] Vgl. Sudbrack 1979b. Von Balthasar hat dies im gleichen Jahrgang kritisiert.

Ehrfurcht, mit der man hier vorangehen muß. Karl Rahner hat dieser Frage einen überaus wichtigen, aber recht komplizierten Aufsatz gewidmet.[14] Eine Antwort auf rein rationaler Basis mit einem strengen Ja-oder-Nein-Verfahren ist nicht möglich. Möglich ist nur, das eigene Hinblicken und Beurteilen so zu schärfen, daß es dem empirischen Befund mit der Frage: Was ist dies für ein Tanzen? gerecht werden kann. So sei auch nur das Gemeinte an drei typischen Beispielen aufgezeigt:

– Ein Mensch, vielleicht eine Ordensfrau, die ganz bewußt im Christentum steht, wird im Tanzen, in dem sie ihre eigene Individualität erfährt und damit ihr eigenes, religiös-offenes Leben realisiert, ganz von selbst in dieser Erfahrung auch ihre Gebetshaltung realisieren. Genauso muß man sagen, daß eine Tanzerfahrung, die in einer zeitlichen und räumlichen Umgebung geschieht, in der das Religiöse glaubhaft lebt, sich fast von selbst zu der religiösen Grundausrichtung hin öffnet. Maßgebend ist, daß die Umwelt den religiösen Impetus glaubhaft und erfahrungstief nahebringt.

– Für einen anderen Menschen, der religiös auf der Suche ist, kann die gleiche Tanzerfahrung, besonders wenn sie intensiv ins eigene Ich hineingreift, zur Abwendung vom transzendenten Gott werden. Hier nun spielt die Umgebung eine wichtige Rolle. Klaus Riesenhuber, der in Japan die Zen-Meditation auf christliche Weise pflegt, hat aus seiner Sicht heraus den unterschiedlichen Richtungssinn, der sich aus der Atmosphäre und der Praxis der Umwelt ergibt, gut gekennzeichnet. Er zeigt, daß diese Erfahrung (das gleiche gilt vom Tanzen) in sich, da noch „nicht thetisch reflektiert", offen ist; daß sie somit durch die Umgebung – die religiös geprägte Ordnung eines Zen-Klosters oder die kultisch geprägte Umgebung einer christlichen Gemeinschaft – ihre endgültige religiöse Prägung empfangen kann.[15]

– Bei jemanden, dem die Ablehnung eines transzendenten, überweltlichen Gottes selbstverständlich geworden ist, aber wird es wichtig, gerade diese Offenheit über sich hinaus auch in tänzerische Erfahrung umzuset-

---

13 Vgl. Sudbrack 1981b. Dort habe ich diese „Regeln" bewußt von der psychologisch-humanen Basis her ausgelegt, was mir (z.B. von Barbara Albrecht) den Tadel einbrachte, das sei nicht religiös-übernatürlich genug.
14 K. Rahner 1956.
15 Vgl. Riesenhuber 1986.

zen. Gesten, Bewegungen, Figuren können als ganzheitliche Leiberfahrung sehr gut eine Offenheit verinnerlichen, die über die eigene Identität hinausführt. Und gerade der Paartanz kann einem Menschen, der in einer Ich-Selbst-Erfahrung gefangen ist, das Erlebnis schenken, daß es wertvoll ist, aus sich herauszugehen und sich in eine gegenüberstehende Freiheit hinein zu verwirklichen, also das zu machen, was man „dialogische Erfahrung" nennen kann. Man wird daher sagen müssen, daß das Tanzen, insoweit es auf Partnerschaft angelegt ist, von Natur aus die Offenheit zum großen Partner, der Gott heißt, leichter anstoßen kann als die stille, auf sich zurückgezogene Meditation. Im Tanzen realisiert sich die Ganzheit des Menschen auf reichere Weise als im stillen Sitzen.

Diese drei Grundtypen sind im konkreten Vollzug natürlich stets ineinander verwoben. Und sicher ist es auch für den ersten Typus eines tiefgläubigen Menschen wichtig, Tanzbewegungen zu erfahren, die ins Transzendente weisen; ebenso ist es für den dritten Typus wichtig, religiöse Umgebung und Menschen zu erleben, die ihre Beziehung zu Gott in Tanz umsetzen.

– Alle aber bedürfen – weil hinführend zur „dialogischen Erfahrung" des lebendigen Gottes – des Gespräches. Denn auch das gehört zur vollen religiösen Erfahrung – ob in der stillen Meditation oder in der Hingabe des Tanzens: Das Wort, das Gespräch im vollen Sinn als Ausdruck personaler Begegnung, ist kein Feind der meditativen Stille oder des Frei- und Identisch-Werdens im Tanzen, wie oftmals stillschweigend vorausgesetzt wird. Es ist im Gegenteil die notwendige polare Ergänzung, an der sich zeigen wird, ob es sich in der Stille oder im Tanzen tatsächlich um eine vollmenschliche Erfahrung handelt.

4. Züge der religiösen Erfahrung des Tanzens

Grundsätzlich gilt für das religiöse Tanzen: Es ruht auf der humanen Basis der Tanzerfahrung, wie auch jede andere religiöse Erfahrung eine solche humane Basis hat. Je intensiver nun diese humane Erfahrung ist, je tiefer sie ins eigene Selbst greift, desto wertvoller kann sie als Basis für die religiöse Erfahrung sein, aber auch: um so gefährlicher kann ihre Abirrung werden. Letzteres war oftmals der Grund dafür, das Tanzen aus dem religiösen Raum hinauszudrängen. Teilhard de Chardin schreibt zu einer Frage, in der es auch um eine Entscheidung für die Zukunft geht: entweder einen sicheren Weg wählen oder den des Wagnisses einschlagen, der auch scheitern kann. „Nicht zu glauben und nicht zu wagen, das ist es, was das Leben lähmt… Der Mensch ist geschaffen, um auf dem Boden zu marschieren. Hat man je die Idee gehabt, zu fliegen…! Ja, Verrückte haben diesen Traum gehabt, würde ich antworten. Und eben deswegen gehört uns heute die Luft."[16] Waren die Jesuiten der großen Zeit der französischen Mystik schon solche „Verrückte", als sie den Tanz in den sakralen Raum einzuführen versuchten?[17] Heute muß der religiöse Tanz auf jeden Fall gewagt werden, und dies gerade dann, wenn man sich auch der Gefahren bewußt ist.

a) Identität als Grunderfahrung

Die vielleicht wichtigste Kritik, die in alter und neuer Form am religiösen Tanz geübt wird, heißt wohl: In ihm werde die eigene Identität und nicht Gott gesucht. Das klingt auf in einem des öfteren zitierten Satz des Historiographen mittelalterlicher Nonnenmystik, Jakob von Vitry: „Der Tanz ist ein Kreis, dessen Mitte der Teufel ist."[18]

Man darf dem in unserer Zeit, da das selbstverständliche Zuhausesein in der religiösen Umwelt verschwunden ist, entgegensetzen: Identitätserfahrung ist der notwendige (!) Ausgangspunkt heutiger religiöser Erfahrung; nur wenn ein Mensch bei sich zu Hause ist, kann er auch in gesunder Weise innewerden, daß er das Ich oder Selbst übersteigen muß, um die neue Geborgenheit im größeren Sinn, im lebendigen, liebenden Gott zu erfahren. Romano Guardini hat dies schon vor Jahren in seiner kleinen Schrift über die „Annahme seiner Selbst" gezeigt. Heute schreibt der evangelische Theologe Wolfhart Pannenberg dazu: „Für die Reformatoren war das Evangelium die Botschaft der Befreiung von Sünde, Angst, Anfechtung und Schuldbewußtsein, aber diese Botschaft richtete sich in ihrem Verständnis eben an den unter dem Bewußtsein seiner Schuld

---

[16] Vgl. de Chardin 1994, 261f.
[17] Vgl. Lebéque 1936. Leider konnte ich die Artikelserie nicht einsehen.
[18] „Chorea enim circulis est, cuius centrum est diabolus", nach Hammerstein 1974, 74.

leidenden und nach Versöhnung mit Gott suchenden Menschen… (Der Verdacht von Fr. Nietzsche oder S. Freud, daß Sündenbewußtsein ein ‚Ausdruck von Selbstaggression' sei, JS) kann nur dann überwunden werden, wenn der Begriff der Sünde als Bezeichnung einer fundamentalen Nichtidentität des Menschen aufgefaßt wird, einer Nichtidentität, die nicht eine Konsequenz der Übertretung moralischer Normen ist, sondern ursprünglicher ist als alle moralische Reflexion. … Identität ist nicht etwas, was von Anfang an gegeben ist, sondern vielmehr ein Ziel, das nur durch die Überwindung von Nichtidentität erreicht wird. Und wenn menschliche Identität eng mit dem Thema der Religion verbunden ist, dann mag es gute Gründe dafür geben, die fundamentale Nichtidentität, die die menschliche Situation kennzeichnet, Sünde zu nennen."[19]

In eine Sprachgebung übertragen, die unserer Thematik entspricht, meint diese Gegenwartsdiagnose: Man muß das Suchen des modernen Menschen nach Selbstwerden, nach Identität, nach Selbstverwirklichung auch und gerade im religiösen Bereich ernst nehmen – dann allerdings zeigen, daß diese „Identität" ihre volle Verwirklichung erst in der Begegnung mit Gott findet. Ähnlich äußern sich auch andere Theologen, wie zum Beispiel Karl Rahner, der in seiner Abschiedsrede die Erfahrung der „absoluten Selbstmitteilung Gottes" vor Überlegungen zu Sünde und Rechtfertigung setzt, oder Alfons Auer, der das sittliche Urteilen auf einer „autonomen", also in der Identität des Menschen gründenden Erfahrung aufruhen läßt.

Der Weg zur Begegnung mit Gott soll und muß heute bei der Identitätserfahrung ansetzen. Das gilt für Gebet, Meditation, Liturgie, Kontemplation usw. – und besonders auch für das Tanzen. Nicht dies sollte diskutiert werden, sondern wie sich die Identitätserfahrung beim Tanzen öffnet zur Erfahrung des Angewiesenseins auf das Größere, auf den Größeren, nämlich Gott. Schon der Kirchenvater Augustinus hat diesen Weg gewiesen und immer wieder den Doppelschritt beschrieben: Von Außen (Extra) nach Innen (Intra); von Innen (Intra) zum „Darüberhinaus" (Supra). So zeigt es Bernard Mc Ginn im I. Band seines groß angelegten Werkes: „Die Mystik im Abendland".

---

[19] Pannenberg 1986, 11, 21f. Die übrigen Verweise des Abschnittes habe ich ausführlicher dargestellt in: Sudbrack 1993a.

b) Sich-Loslassen, Sich-Ausliefern

Sich-Loslassen, das klingt zuerst, als sei es ein Gegensatz der eben beschriebenen Identitätserfahrung. Doch vor einer Auseinandersetzung damit muß das gemeinte Phänomen vor Augen stehen. Vielleicht kann man es, ähnlich wie Joachim-Ernst Berendt, am Unterschied zur „Schauerfahrung" zeigen.[20] „Schauen" bedeutet primär irgend etwas beobachten, die Einzelheiten entdecken und dann das Kunstwerk in seiner inneren Harmonie zusammenfügen. „Hören" verläuft primär umgekehrt: Man läßt seine Erkenntnisabsicht los, legt die „Partitur" zur Seite und läßt sich ergreifen von den Tönen und Harmonien. Gewiß, beide Erfahrungsweisen durchdringen sich (was Berendt nicht wahrhaben will). Doch die unterschiedliche Akzentuierung ist nur allzu deutlich. Einen Walzer muß man gleichsam fraglos erleben und sich dabei dem „Außen" öffnen, der Musik, dem Rhythmus; ein Bild aber zuerst einmal bewußt mit den Augen abtasten und in sich aufnehmen.

Man kann die Tanzerfahrung, in der ein Mensch sich losläßt in den Klang und den Rhythmus hinein, sich von unten her aufbauen lassen. Schon die Körper- und Atemerfahrung einer Zen-Meditation ist konstituiert durch das Loslassen der bewußten Vorstellungen und Bilder. In der Musiktherapie weiß man, daß das Hören-Lernen von Musik auch bedingt, daß man vom Wissen- und Durchschauen-Wollen erst einmal absieht und sich dem Bogen der Klänge hingibt. Ein noch personaleres Loslassen geschieht beim Singen. Singen befreit; und wenn ein verklemmter Mensch zu singen beginnt, dann beginnt auch sein Freiwerden von Zwängen und Hemmungen. Wieder eine therapeutische Grunderkenntnis.

Tanzen ist ein potenziertes Sich-Loslassen. Man muß nicht nur Vorstellungen preisgeben, sondern sich selbst in seiner ganzheitlichen Leiberfahrung. Nicht von ungefähr trägt man im Modern Dance körperenge Trikots. Denn das Sich-Loslassen des Tänzers muß den ganzen Leib durchdringen. Und nicht von ungefähr fand man in der geschichtlichen Vergangenheit im ekstatischen Tanz den Höhepunkt der religiösen Erfahrung und darin auch den Höhepunkt der Selbsterfahrung. – Natürlich

---

[20] Vgl. z.B. Sudbrack [4]1990.

muß man differenzieren und dabei viele andere, gelegentlich auch quer-laufende Momente berücksichtigen. Doch mir scheint, daß die Grund-analyse, Tanz als Befreiung und als Sich-Loslassen zu verstehen, korrekt ist, die Therapie bestätigt dies weithin.

Damit aber zeigt sich auch, daß sich der Gegensatz zwischen Loslassen und Selbstwerden auflöst. Denn dieses Loslassen läßt das „wahre Selbst" sich verwirklichen, wie es Thomas Merton – sehr deutlich in positiver Auseinandersetzung mit der Zen-Erfahrung – beschrieben hat.[21] Dieses Sich-Loslassen aber ist zumindest offen auf die Begegnung mit einem Gegenüber und schließt sich nicht notwendig im dämonischen Kreis des Jakob von Vitry ab.

Vielleicht ist die Scheu vor diesem potenzierten Sich-Loslassen beim Tanz ein Grund dafür, daß so viele Intellektuelle, die sich auf den Weg der religiösen Erfahrung begeben wollen, vor ihm zurückschrecken und lieber das weniger ganzheitliche – weil sich vom Körper und seiner Bewegung lösende – Meditieren im Stil des Zen pflegen.

c) Sportlich, gesellschaftlich, therapeutisch und existentiell

Als Exkurs sei auf eine wichtige Unterscheidung hingewiesen. Tanzen ist auf vielen Ebenen angesiedelt: auf einer sportlichen mit Training und Turnier oder auf einer gesellschaftlichen wie auch andere Gesellschafts-spiele. Wichtiger für diese Überlegungen ist die therapeutische Ebene. Zu beachten bleibt, daß die Ebenen sich überschneiden und auch durchdrin-gen. Jede Unterscheidungslehre muß sich ihrer Randunschärfen bewußt bleiben.

Das von I. H. Schultz erprobte und durchdachte „Autogene Training" in seiner Oberstufe und Gerta Alexanders oder Hannelore Scharings „Eutonie" entsprechen in Übungen und Erfahrungen denen des Zen. Beide aber distanzieren sich von der direkten religiösen Interpretation dieser Erfahrungen und legen Wert auf deren rein humane und therapeu-tische Bedeutung. Man muß sich auch für die Tanzerfahrung von dieser Nüchternheit leiten lassen. Dann – wenn man sich also hütet, das Reli-

---

[21] Vgl. meine Teilübersetzung seiner nachgelassenen Schrift The Inner Experience, in: Ruhbach/Sudbrack 1989, 500–509.

giöse, Weltanschauliche vorschnell über diese Erfahrungen zu legen – wird man überaus viel aus der reichen Tanzliteratur lernen können. Und man kann auch aus Tanzbüchern, die überquellen von Metaphysik, Seins-Erfahrung, Betroffensein vom Absoluten, von „transzendenter Immanenz" und von „Transparenz für das Ewige", vieles lernen. Man braucht solche Anleitungen nur in geziemender Nüchternheit von ihrem Überbau zu befreien. Die christliche Erfahrung, die im Tanzen zum Ausdruck kommen soll, beinhaltet immer einen echten Überschritt in die andere Freiheit hinein und ist noch nicht mit Bewußtseinserweiterung geschehen, wie es bei vielen, eben glossierten, religiös übertünchten Erfahrungen (zumindest) zu sein scheint.

d) „Geordnet in geheimnisvolle Ordnung – Vorweggenommen in ein Haus aus Licht"

Das ist die letzte Zeile eines Gedichtes von Marie-Luise Kaschnitz. Sie nennt es „Auferstehung" und nimmt dahinein das Leibgefühl des Sich-Aufrichtens, das hautnahe Spüren der Elemente, die spielende Leichtigkeit des Befreitseins und eben auch die „Ordnung", das Geborgensein in einem „Haus aus Licht".[22]

Die anfänglichen Ausführungen dieses Kapitels könnten den Eindruck hinterlassen haben: Das Ideal des Tanzens liege im ungebundenen Sich-Ausleben aus der eigenen Subjektivität heraus. So formuliert darf dieser Eindruck sogar stehenbleiben, wenn man zugleich berücksichtigt: Die menschliche Subjektivität ist kein chaotisches Durcheinander, sondern getragen von der Schöpfungsordnung. Dazu gehören die raum-zeitlichen Kategorien, der organische Aufbau des eigenen Körpers und seiner Lebensvollzüge, die soziale, schwesterlich-brüderliche Verbundenheit, die sich schon in Sprache und Kultur ausdrückt, und anderes mehr. Jede vermeintliche Rebellion gegen gesellschaftliche Werte entpuppt sich sehr schnell als ein Übernehmen anderer, vielleicht noch traditionellerer Werte. Künstler wissen dies, wenn sie zeigen, daß das Gebundensein an Form und Ordnung erst die Kreativität des Schaffens freilegt.[23]

22 Vgl. Sudbrack 1977, 61–63.
23 Nur ein kleines Beispiel: Karl Krolow, der Grandseigneur der deutschen Lyrik, ist von

In einer ausgereiften Tanz-Bewegung entwickelt sich von selbst Form und Ordnung. Festgelegte Formen sind, wenn sie nur mit Gespür für organisches Leben entstanden sind, befreiend und nicht fesselnd. Harvey Cox[24], dessen Impulse für Tanz, Spiel, Fest, Lachen usw. in der amerikanischen Theologie eine Rolle spielen, wie man sie den Impulsen Hugo Rahners gewünscht hätte, erzählte während meiner Harvard-Tätigkeit im Kollegenkreis ein faszinierendes Erlebnis. Durch Freunde konnte er das jährliche Fest in der indianischen „Church of America", einer „Ghost-Dance-Gemeinschaft"[25] mitmachen, einer durchaus christlich orientierten Gruppe, die einmal im Jahr mit Peyote-Pilzen einen feierlichen Ritus begeht. Voraus ging ein mühevoller, wallfahrtsähnlicher Marsch mit Fasten und Gebeten. Die Pilz-Droge wurde dann auch rituell, wie ein Sakrament, eingenommen. Cox zeigte, daß sogar dieser Drogenkonsum in der festen, sozial verankerten Ordnung eine positive, aufbauende Erfahrung wurde. Er selbst nahm gegen seinen ursprünglichen Vorsatz daran teil.

Ordnung, nicht die statische, sondern die „schöpferische" Henri Bergsons, macht aus der Leibbewegung erst ein wirkliches Tanzen. Manche Tanzliteratur führt eine scharfe Polemik gegen das klassische Ballett, als werde dort der tänzerische Ausdruck vergewaltigt. Das mag in Grenzfällen stimmen, aber es genügt der Besuch in einem der großen Ballett-Theater, um die Unsinnigkeit der Polemik zu durchschauen.

Das Gesagte aber gilt in potenziertem Maße für den religiösen Tanz.

e) Das Bei-„Spiel" des Spielens

Nicht aus Zufall stehen die schönen Gedanken von Hugo Rahner und Harvey Cox über den religiösen Tanz inmitten von Überlegungen über das Spielen. Gustav Siewerth hat am Spiel des Kindes in immer noch gültiger Weise Grundzüge der Beziehung des Menschen zu Gott abgelesen.[26] Das Spiel, das glückhafte Urspiel des Kindes bietet das sprechendste

---

der ungebundenen Dichtung wieder zurückgekehrt zu Endreim und Versmaß.
[24] Vgl. Cox, [4]1972, 1974 und 1978.
[25] Vgl. die leider unvollständigen Informationen in: Lexikon der Sekten, Sondergruppen und Weltanschauungen unter Stichworten wie Indianer, Drogen, Schamanismus usw.
[26] Vgl. Siewerth 1957.

Beispiel dafür, wie die „Intra"- und die „Supra"-Erfahrung des Menschen, seine Selbst- und seine Gottes-Erfahrung, identisch werden können.

Einerseits ist doch das spielende Kind ganz und gar in sich selbst vertieft. Es macht Erfahrungen mit sich, mit seiner eigenen Kreativität, in der das kontemplative Element sich mit der aktiven Hingabe vereint. Diese Erfahrungen sind wichtige Stufen zur Selbstwerdung des Kindes. Aber es kann diese Erfahrungen nur machen, weil es sich geborgen weiß in der Obhut der Mutter, weil es sich – nicht reflex, aber in wacher Lebensgewißheit – in der behütenden Liebe seiner Mutter erfährt. Und gelegentlich wechselt die bewußte Aufmerksamkeit vom Pol des „Intra" (vgl. oben S. 96 zu Augustinus), also des Spielens, zum Pol des „Supra", also der Obhut der Mutter: Das Kind schaut oder läuft zur Mutter, um sich ihrer Obhut neu zu vergewissern. Dann kann es wieder zum Spiel zurückkehren und ist in sich selbst konzentriert, weil geborgen im lebendigen Urvertrauen.

Das Geschilderte ist nicht nur ein abstrakter Idealfall; man kann es oft genug zwischen Mutter oder auch Vater und Kind beobachten: Das „Intra", die Identität, ist deshalb so lebendig, weil das „Supra", das Urvertrauen in die behütende Gegenwart der Eltern, so wach ist.

Im religiösen Bereich allerdings wäre eine solche Einheit der Idealfall, den die Spiritualität „Leben in der Gegenwart Gottes" nennt und den Jesus in poetischer Sprache als „Sorget euch nicht, wachset und blühet wie die Vögel des Himmels und die Lilien des Feldes!" schildert (Mt 6,25ff). Damit ist das aufgegriffen und religiös vertieft, was E. Erikson als „Urvertrauen" psychologisch beschrieben hat.

f) Das Phänomen Musik

Das Herz des Tanzens ist die Musik, auch dann, wenn sie im Rhythmus zu verschwinden scheint. „Singen" ist auch – fast mehr noch als „Schauen" – das Vorzugs-Bild/Symbol für die Seligkeit des Himmels, und dies nicht nur in der Frohbotschaft der Bibel: „Die Stimme, die ich hörte, war wie der Klang der Harfe, die ein Harfenspieler schlägt. Und sie sangen ein neues Lied vor dem Thron und vor den vier Lebewesen und vor den Ältesten. Aber niemand konnte das Lied singen lernen, außer den hundertvierundvierzigtausend, die freigekauft und von der Erde weggenommen sind" (Offb 14,3).

Alte Überlieferungen von der Sphärenmusik, also vom Klang, den die Sterne (oft von Engeln geschoben) auf ihrem Weg durch die Sphären verursachten, sind in die christliche Überlieferung eingeflossen.[27] So läßt schon Origenes den Wohlklang des Kosmos sich im Wohlklang des liturgischen Singens spiegeln.[28] Aus der mystischen Überlieferung ist die Musik nicht wegzudenken.[29] Bei kaum sonst jemandem ist sie so untrennbar eins mit der mystischen Erfahrung wie bei Hildegard von Bingen.[30]

Was nun verschafft – anthropologisch gesehen – der Musik diese Vorzugsrolle? Ich glaube, ähnlich wie beim Spiel erfährt der Mensch in der Musik, besonders wenn er selbst singt, eine Ganzheit, die – christlich verstanden – eine „heimliche Vorimitation der Erlösung" darstellt. Winfried Kurzschenkel hat Zeugnisse dafür zusammengetragen und theologisch diskutiert.[31]

Schon im persönlichen Singen läßt sich der Mensch von innen her und aktiv ein in diese „Vorimitation der Erlösung". Tanzen nun bringt den ganzen Leib als Ausdruck der eigenen Identität mit hinein in diese „Vorimitation" der himmlischen Harmonien. Zu behaupten, Tanzen sei aus sich heraus religiös und Gebet, ist zwar offensichtlich falsch. Aber zu behaupten, daß der Tanz in der religiösen Sinngebung (s)einen Gipfel erreicht, muß sich einem nahelegen.

---

[27] Berendts Planetenklänge (je ein einziger Ton, dessen Schwingung aus der Sternenkonstellation usw. errechnet ist) sind eine esoterische Engführung dieser großen Überlieferung. Vgl. Sudbrack ⁴1990.

[28] „Wir lobsingen dem Herrn und seinem eingeborenen Sohn, ebenso wie die Sonne, der Mond und die Sterne und das ganze himmlische Heer." Nach Hammerstein 1962, 118, mit vielen weiteren Belegen.

[29] Als ein überaus eindrucksvolles Beispiel sei auf die „provenzalische Scala divino amoris" (um 1300) hingewiesen; Kurt Ruh 1993, 452, stellt sie vor: „Der Autor spricht vom ‚Gesang Gottes', der so bedrückend ist, daß ihn die Engel nicht ertragen könnten, wenn nicht die Liebe ihnen die erforderliche Kraft verliehe. Um so mehr gilt dies für die irdischen Seelen: ‚Die Süße und Wohltaten Gottes, die ihnen zuteil werden, ließen sie sterben und vergehen, wenn Liebe nicht wäre, die ihnen die Stärke verleiht, die Melodie von Gottes Gesang zu ertragen'."

[30] Vgl. Sudbrack 1995.

[31] Vgl. Kurzschenkel 1971; das Zitat, 339, stammt von dem evangelischen Theologen O. Söhngen.

g) Die zwei Gesichter des Rhythmus

Eines der Ordnungselemente, die der Musik ihre Kraft verleihen, ist der Rhythmus oder der Takt (hier ist nicht nötig, dies zu unterscheiden). Aber gerade der Rhythmus kann – wie wohl kein anderes Element der Musik und des Tanzens – regelrecht diabolisch werden. Man denke an die Marschrhythmen der faschistischen Kolonnen. Aber man sollte auch nicht übersehen, daß in mancher Beat-Musik, in der das Rhythmische sich auf wiederholte, hämmernde Einzelschläge zusammenzieht, ähnliches geschehen kann und auch geschehen ist. Mit Rhythmen kann man Menschen beherrschen und (wie ein Rattenfänger aus Hameln) ins Verderben führen. Doch aus sich heraus gesehen gehört der Rhythmus, auch der des Beat, ebenso wie alles andere, was mit dem Tanzen zusammenhängt, zu den Dingen „auf dem Angesicht der Erde", von denen Ignatius von Loyola schreibt: „Der Mensch ist geschaffen, um Gott, unseren Herrn, zu loben, ihm Ehrfurcht zu erweisen und zu dienen und mittels dessen seine Seele zu retten; und die übrigen Dinge auf dem Angesicht der Erde sind für den Menschen geschaffen und damit sie ihm bei der Verfolgung des Ziels helfen, zu dem er geschaffen ist."[32]

Der österreichische Kavalleriemarsch hat mit dem faschistischen Marschrhythmus ebensowenig zu tun wie die Töne der afrikanischen Trommel des Schamanen mit dem aufreizenden Beat. Lebendige Rhythmen bestimmen das Leben des Menschen: Jahreszeiten, Tageszeiten, Atmen, Pulsschlag usw. Mit Hilfe von ihnen kann man zwar in den Lebensrhythmus des Menschen eingreifen und ihn manipulieren – aber man kann ebenso mit dem Rhythmus jemanden wachmachen und zu bewußterem Leben erwecken. Die Musiktherapie zeigt, daß das Durchleben rhythmischer Erfahrungen beides zugleich bewirkt: Ein Sich-Einfühlen in größere bergende Zusammenhänge und das Wachwerden persönlicher Impulse; es kann den Menschen sogar zu seiner Identität führen.[33] Schon wenn man sich meditativ in den Atemrhythmus einläßt, werden entsprechende Erfahrungen geschenkt. Das ganzkörperliche Hineingehen des Tanzens in den Rhythmus nimmt diese Erfahrung auf und vertieft und erweitert sie.

[32] Exerzitienbuch, Nr. 23 (Übers. Knauer 1978).
[33] Als praktisches Beispiel sei verwiesen auf Krimm-von Fischer 1992 mit reicher Literatur.

h) Der kosmische Bezug

Zu erwähnen ist auch die Qualität, die sich aus dem zur Sphärenmusik Gesagten ergibt: der Bezug der Tanzerfahrung zu kosmischen Gegebenheiten. In den zitierten Texten Rumis und der Chassidim findet er sich.

Die kritische Ausgabe des Erstlingswerkes von Hildegard von Bingen führt durch ihren Wort-Index (leider nur Substantive, keine Verben) auf die Spur der gleichen Erfahrung. Hildegard erlebte in der Harmonie, die sie in ihrer singenden (tanzenden?) Gemeinschaft erfuhr, den Einklang mit der Harmonie des Kosmos und zugleich mit dem innergöttlichen Leben. Man muß den zahlreichen Belegen von Worten wie „Symphonia" oder „Harmonia" (besonders in den letzten Visionen) nachgehen, um dies nachzuvollziehen. So heißt es in der dreizehnten Vision des dritten Teils (in möglichst wörtlicher Übertragung):

„(11) Das Zusammenklingen (symphonia) ist in Einmütigkeit und Eintracht vorzutragen:

Deshalb klingt auch dieser Klang zusammen (symphonizat) wie eine Stimme der Vielen im Lobgesang von den höchsten Stufen her; denn die Symphonie von Einmütigkeit und Eintracht bewegt in sich meditierend (ruminat) den Ruhm und die Ehre der Himmelsbürgen, so daß sie eben das zur Höhe trägt, was das Wort offen vorträgt.

(12) Das Wort bezeichnet den Leib; die Symphonie aber den Geist und die Harmonie die Gottheit; das Wort bezeichnet in der Tat das Menschsein des Sohnes.

So nämlich manifestiert das Wort den Leib, die Symphonie aber den Geist; denn auch die himmlische Harmonie verkündet die Gottheit, und das Wort offenbart die Menschheit des Sohnes Gottes."[34]

In dem dichten Text durchdringen sich drei Ebenen: die der singenden (tanzenden?) Klostergemeinschaft, die Ebene des innergöttlichen Lebens und darin den Geist, der Jesus Christus und seine Kirche leitet.

Man muß auch andere Zeugnisse, in denen solche kosmischen Bezüge aufscheinen – auch wenn sie astrologisch oder schamanistisch geprägt sind –, durchaus ernst nehmen. Darin schlagen sich Erfahrungen nieder, die in der christlichen Vergangenheit durch die Harmonie von Mikrokos-

---

[34] In: Führkötter/Carlearis (Hg.) 1978, 630f.

mos (Mensch) und Makrokosmos (Weltall, Sphärenharmonie) ausgedrückt wurden.

Man sollte aber auch versuchen, solche Erfahrungen ganz konkret in das religiöse Tanzen zu integrieren. Hildegard hört in dieser Harmonie den christlichen Klang, weil ihr Glaube an die Inkarnation weiß: Gott selbst ist in seinem Innenleben Mensch, Welt, Kosmos geworden. Im Durchdringen der drei Ebenen kann die religiöse Tanzerfahrung ihren Höhepunkt erreichen. Es sind dies Erfahrungen, in denen das Tanzen gipfeln kann.

i) Die bleibende Unvollkommenheit des Tanzens

Gerade wenn die Gipfelerfahrung berührt wird, muß ein wichtiger Zug am religiösen Tanz nachgetragen werden.

Wer jemals mit der initiatischen Therapie Karlfried Graf Dürckheims in Berührung kam, kennt auch den Satz: „Ich habe ihn nicht, sondern ich bin mein Leib", eine anthropologische Feststellung, die, soweit ich weiß, zuerst von E. Plessner formuliert und durchdacht wurde. Das entspricht der Meditationsmethode, Leiberfahrung als Weg zur Selbstwerdung einzusetzen. Im reichen Therapieangebot der initiatischen Methode spielt deshalb auch das tänzerische Element eine wichtige Rolle.

Doch der eben zitierte Satz ist zu ergänzen durch den anderen: „Ich habe nur meinen Leib!" Der Mensch ist – glücklicherweise! – mehr als die im Dürckheimschen Sinn verstandene Leibhaftigkeit; anders wäre eine Körperbehinderung auch Niederschlag einer geistig-personalen Behinderung; oberflächlich gedeutet kann die Lehre vom „Karma" etwas Entsprechendes nahelegen.

Dürckheim hat mir gegenüber auch die zweite Aussage als notwendige, polare Ergänzung des ersten Satzes bejaht. Die personale Selbstgewißheit des Menschen kann (und soll) durch Leiberfahrungen wie das Tanzen gestärkt und weitergeführt werden hinein in das Gebet vor Gott. So darf auch die Selbstvergewisserung durch Tanz und Meditation nicht aufgehen in der Leiberfahrung – sonst würde auch der Mensch reduziert auf sinnenhafte Leiberfahrung, mag man diese auch immer noch zu tief verstehen.

Gewissen, Verantwortung und besonders Liebe überragen jede reine

Leibgewißheit. Das will der Satz sagen: „Ich habe nur meinen Leib, bin also mehr als mein Leib und seine Erfahrung." Das Verhältnis dieser anthropologischen Wahrheit zu dem, was mit dem anderen Satz ausgedrückt wird: „Ich bin mein Leib!", entspricht dem, was Mechthild von Magdeburg erfuhr, als sie von Gott in ihre letzte Nacktheit verwiesen wurde. Die Mitte der Gottesbegegnung ist dort, wo Verantwortung, Gewissen, personale Liebe wohnen. Meister Eckhart nennt es den bildlosen Seelengrund. Dort ist auch die Mitte der Selbstwerdung des Menschen. Das Tanzen im Leib muß, wie irgendwo nur möglich, den Weg dahin bahnen. In seiner personalen Mitte ist der Mensch zwar nicht leiblos, aber dennoch mehr als nur Leib. Das ist die Wahrheit, die trotz aller Einseitigkeit der Neuplatonismus mit der biblischen Botschaft gemein hat.

5. Das Tanzgebet: Ausdruck von Gotteserfahrung und Hören auf Gott

Bisher wurde das Tanzen eher unter dem Aspekt der meditativen Bereitung und Hinführung auf das Beten behandelt. Alles Gesagte gilt ebenso für den anderen Aspekt des Tanzens als Überfließen des inneren Ergriffenseins von Gott. Die Einbeziehung des Leibes mit all seinen Sinnen und in seiner Motorik schenkt der inneren Erfahrung neue Intensität.

Das betende Hinhören auf Gott – mit Meister Eckhart und Ignatius von Loyola gesagt: das Finden Gottes in allen Dingen und Gegebenheiten – kann ebenso in der Tanzbewegung geschehen. Hierbei muß das willentliche Steuern der Bewegungen ein fließender Übergang sein in ein Geschehen-Lassen.

Das gemeinsame Singen eines Wiederholungsverses in der Art von Taizé oder der Ostkirche kann dies beispielhaft verdeutlichen. Die Erfahrung zeigt, daß damit gleichsam ein Gewölbe von Geborgenheit und Ruhe errichtet wird, in dem der eigene Geist wach wird für eben diese persönlichen Anregungen, die Ignatius von Loyola „Bewegungen des Geistes Gottes" nennt, also für das Hinhören auf Gott und das Finden Gottes in allen Dingen.[35] Auch die Tanzerfahrung in sich selbst wird so ein betendes

---

[35] Vgl. die Unterscheidungsregeln der Exerzitien, Knauer 1978, 313–336.

Hören auf Gott in der eigenen Leiblichkeit. Im „Vorletzten" der psychischen Gestimmtheit des eigenen Leibes wird das „Letzte" des göttlichen Willens vernehmbar. In dieser Intention hat Ignatius von Loyola die Regeln zur Unterscheidung der Geister im Exerzitienbuch niedergelegt.

In der „Himmlischen Hierarchie" des Dionysius Areopagita (um 500) ist der Kreistanz der Engel vor Gott identisch mit deren Gotteserkenntnis.[36] Wahrscheinlich klingt in diesen und ähnlichen Texten nach, daß auch das Ineinanderklingen des göttlichen, dreifaltigen Lebens „Perichorese" genannt wurde. Nach dem Wortsinn meint dies ein tanzendes Sich-Durchdringen der göttlichen Personen in Erkennen und in Liebe. (Peri heißt: hindurch oder im Kreis; Choros ist der Tanz.) In der spätmittelalterlichen und barocken Poesie wird dieses Thema vom Schauen Gottes als „Tanz der Engel und Seligen vor Gott" oftmals aufgegriffen. Dantes Paradiso ist wie ein einziges Tanzen. Er schildert den Reigentanz der Seligen, der aus dem Kreis der Seraphim entspringt:

Wie man in Flammen oft die Funken siehet
   Und in der Stimme Stimmen unterscheidet,
     wenn eine fest, die andere in Bewegung,
So sah ich in dem Lichte andre Lichter
   Mehr oder weniger schnell im Kreis sich drehen
     Gemäß, so glaube ich, ihren ewigen Sichten...
Wie sie uns nahten aus dem Reigentanze,
   Den sie begonnen mit den Seraphinen.
Es klang aus denen, die zuerst erschienen,
   Hosiannasingen, so daß niemals wieder
     Die Sehnsucht, sie zu hören, mir vergangen.[37]

In der Erfahrung des religiösen Tanzes kann sich und soll sich ein Hinhören, ein Schauen auf Gott ereignen. Man darf sich fragen, ob es überhaupt eine intensivere Weise des Hinhörens auf Gott gibt.

Jacopone da Todi († 1306), der wegen seines Eintretens für die „Spirituellen"-Bewegung im franziskanischen Bewußtsein zu sehr am Rande

---

36 Vgl. die Übersetzung von Suchla 1988, 109, Anm. 48.
37 Hammerstein 1962, 180, mit den berühmten Schlußversen: L' Amor che muove il sole e l'altre stelle.

steht, schildert in dieser Weise das Tanzen vor Gott als eine Liebes- und darin auch eine Verstehenserfahrung:

Im Himmel, im Garten der Liebe, herrscht göttliche Liebe.
Alle Seligen bilden dort einen Reigen.
In ihren Rundtanz treten ein alle Heiligen und auch alle Engel,
um zu tanzen in liebevoller Begeisterung
vor dem göttlichen Bräutigam.[38]

[38] Vgl. Hammerstein 1962, 29; zu ihm schreibt Ruh 1993, 483: „Wie kam es zu dieser Poesie aus dem Geist der Musik? Ich meine aus der Erfahrung des Mystikers ... Das Unaussprechliche aber hat doch wohl in der Sprache der Musik eine adäquate Ausdrucksform." Mehr noch in der Sprache des Tanzes!

Spiritualität und Tanz

Gereon Vogler

---

1. Wesensverwandtschaft von Spiritualität und Tanz

Auf den ersten Blick sind Spiritualität und Tanz vielleicht ein recht ungleiches Paar. Die Frage ist nur zu berechtigt, was Tanz und Spiritualität überhaupt zusammenkommen läßt, da diese beiden Dinge meist weit voneinander entfernt angetroffen und vorstellungsmäßig bedacht werden: der Tanz als Ausdruck von Geselligkeit und Vitalität, die Spiritualität als Inbegriff von Sammlung und Askese. Denn Spiritualität – das ist traditionell der Weg und die Konzentration nach innen, schließt Bewegung weitgehend aus und kennt vor allem unbewegliche Ausdrucksweisen wie Knien, Sitzen oder Stehen und gefaltete Hände usw. Aber *Tanz* als ausdrückliche Form der Spiritualität – das muß für das Christentum überraschen, wenn nicht gar befremden! Eine solche Form hat keine Tradition und keinen Erfahrungsniederschlag in der christlichen Glaubensgeschichte vorzuweisen. Darum darf derjenige, der behauptet, Tanz sei ein guter geistlicher Weg, sich nicht über distanzierte Reaktionen wundern. Die Frage ist natürlich berechtigt, warum erst fast zweitausend Jahre Glaubensgeschichte vergehen mußten, bis ausgerechnet in unseren Tagen der Tanz als ein geistliches Tun „entdeckt" wurde. Hatte es denn tatsächlich bislang keine sensiblen Geister gegeben, die den Tanz für sich hätten finden und in die geistlichen Schulen einbringen können, wenn der Tanz geistlich wirklich so lohnenswert wäre? – Man könnte darauf manches antworten, etwa daß der Tanz in Verlauf der Kirchengeschichte nicht viele, aber einige Freundinnen und Freunde fand oder daß der negative common sense über den Tanz von vornherein eine persönliche Erfahrung und differenzierte Auseinandersetzung verhinderte, geschweige denn eine kirchliche Akzeptanz dieser Erfahrungen denkbar sein ließ, man also eigentlich gar nicht wußte, was man ablehnte. Insofern stünde eine realistische kirchliche Erprobung und Bewertung des Tanzes auch nach fast zweitausend Jahren Kirchengeschichte tatsächlich noch aus. Aber mehr als diese Argumente gilt uns die bereits in der Einführung dieses Buches geäußerte und begründete Feststellung, daß genau besehen der Tanz während der gesamten Kirchengeschichte weder gefehlt hat noch ausschließlich negativ beurteilt worden ist. Die Tatsache, daß er durch alle Jahrhunderte hindurch im Reigen der Engel und Seligen als Sinnbild für das Ziel des christlichen Glaubens galt, nämlich für das erlöste Dasein in der himmlischen Herrlichkeit, beweist mit aller wünschenswerten Deutlichkeit, daß der Tanz in den Gemütern und Herzen sehr wohl da war, aber psychisch verdrängt wurde. Als Wunschtraum hatte der Tanz dort seinen unverlierbaren Platz. Alle kirchlichen Verurteilungen und alle Ablehnung des Tanzes galten wohlgemerkt nur seinen problematischen Sozialformen, nicht aber dem Tanz als solchem – ganz im Gegenteil: Er war das verkündete höchste Ziel. Das vollendete Leben sollte so etwas sein wie ein unbeflecktes, ganz lauteres Tanzen. Die kirchliche Polemik gegen das Tanzen mußte eben deshalb so massiv ausfallen, weil durch das gesellschaftliche unmoralische Treiben gerade das im Tanzen am deutlichsten sichtbar werdende Ideal des Glaubens in den Schmutz gezogen zu werden drohte. Es kann eine andere Erklärung für die Vehemenz und Polemik kirchlicher Urteile eigentlich nicht geben, als daß hier an einem Ideal gerührt wurde und es bedroht zu sein schien. Das gilt ebenso in bezug auf alles andere Leibliche und hat sich bis in unsere Tage zum Beispiel in der römischen Sexualethik nicht geändert. Die leiblichen Vollzüge werden zu einem solchen Ideal hochstilisiert, daß alles, was sich nicht strikt dem Reglement beugt, bereits als Verfehlung gelten muß.

Freilich hilft ein solcher abgehobener Umgang mit dem Leiblichen und speziell mit dem Tanz nicht weiter, denn er ist unrealistisch und nicht mehr lebbar, er verhindert sogar gutes Leben. Es bleibt darum die beständige und schwierige Aufgabe, eine Umgangsweise zu entwickeln, die weder das Ideal verrät noch ein Optimum von Lebenspraxis aus dem Blick verliert. Weder im Umgang mit der Sexualität noch in bezug auf den Tanz sind wir Menschen den Engeln gleich, sondern sehr fleischlich und natürlich-lustgebunden, was aber – das zu betonen ist uns wichtig! – kein gefallener, sondern ein geschaffener Zustand ist. Deswegen bedürfen wir lebbarer Formen, die im Vergleich zum Ideal nicht als defizient angesehen zu werden brauchen, sondern als die grundsätzlich richtigen menschlichen, und deren Ausübung uns gerade an die im Ideal verheißene Herrlichkeit immer wieder neu erinnert. Richtig praktizierte Sexualität ist aus dieser Sicht also nicht ein Zugeständnis an die fleischliche Schwachheit, sondern vielmehr eine gute Erinnerung an das Beglückende der göttlichen Liebe. Entsprechend ist ein geistlich verstandenes Tanzen die Erinnerung an die uns zugedachte Anmut, Leichtigkeit, Freiheit, Lebensfreude usw. des Himmelreiches. Als Kontrapunkt zu aller scheinbaren Übermacht irdischer Schwere und Unerlöstheit würde ein geistlich begriffenes Tanzen eine Heilsverkündigung und damit ein Korrektiv sein, weil die Lebensfreude, die Gott schenken will, schon heute in diesem Leben beginnt. So ist es geboten, auch existentiell und damit leiblich sich wenigstens anfanghaft auf die „Leichtigkeit" Gottes einzulassen, um mehr von ihm und seinem Umgang mit den Menschen zu begreifen.

Der bekannte, dem Kirchenvater Augustinus zugeschriebene Spruch: „Mensch, lerne tanzen, sonst wissen die Engel im Himmel nichts mit dir anzufangen!" macht daher eine Aussage von großem Gewicht: Der Vers warnt ja beileibe nicht humorvoll von einer buchstäblich ewigen Langeweile im Reich Gottes, wie man meinen könnte. Die Weisheit dieses Spruches besteht darin, daß er nachdrücklich daran erinnert, daß für denjenigen, der die „Leichtigkeit" Gottes bei sich praktisch nicht für möglich gehalten hat, es unter den Engeln und Seligen im Reich Gottes auch keinen Platz geben wird. Zu den Erlösten kann zunächst einmal nur gehören, wer an die Erlösung auch in seinem Leben glaubt und sich schenken lassen will.

Nun sind wir aber den Kirchenvätern einfach darin gefolgt, daß sie zu Recht den Tanz als Sinnbild für die himmlische Existenz gewählt hatten, und haben das als einen äußeren Beleg für die Nähe von erfülltem geistlichem Leben und Tanzen genommen. Aber sollte man sich ernsthaft und mit Blick auf weitere Konsequenzen so einfach auf ein altes Sinnbild verlassen? Gäbe es nicht andere Bilder (zum Beispiel das Essen), die eine tiefere geistliche Aussage machen würden als die der Anmut, Leichtigkeit und Freiheit usw. der erlösten Existenz? Kann tatsächlich der Tanz ein Weg in eine tiefere Spiritualität sein, ist er nicht eine mehr oder weniger modische und importierte Idee, die eher ablenkt, als daß sie weiterhilft?

Das denke ich nicht. In einem ersten Schritt möchte ich mich gleichermaßen auf das Wesen der christlichen Spiritualität wie das des Tanzes besinnen und meine dabei, aufzeigen zu können, daß Tanz wesensmäßig zur Vollform christlicher Spiritualität dazugehört und ihr authentischer Ausdruck sein kann. Darum geht es, und darauf kommt es an – ansonsten ließe man den Tanz lieber bleiben als Hobby derer, die daran Spaß finden! Wenn jedoch der Tanz authentisch zum Wesen einer christlichen Spiritualität dazugehören sollte, dann müßte er auch einen angestammten Platz in den christlichen Vollzügen finden. Doch darüber denken wir später nach.

Wenn hier vom „Wesen" der christlichen Spiritualität die Rede ist, so ist ein solches Reden sicherlich gewagt, jedoch hoffentlich nicht vermessen, denn wie wollte man sich sonst darüber verständigen? So wie wir uns denn mit dem Wesen der Spiritualität beschäftigen, wollen wir darunter die Praxis des Glaubens oder anders gesagt das menschliche Handeln in das Vertrauen und Hoffen auf die bedingungslose Annahme und Erlösung alles Menschlichen durch den menschgewordenen Gott verstehen.

a) Inkarnatorischer Glaube verpflichtet

Dabei bildet die Grundlage unserer Reflexion unser Menschsein, das nicht wir begründen, sondern das uns aufgegeben ist. Was ist dieses Menschsein, was gibt es uns auf?

In all unseren Beziehungen zu anderen Menschen wie auch bei uns selbst begegnet uns Menschsein stets in einer gebrochenen, fehlerhaften und defizitären Weise, die uns nicht zur Maßgabe unseres eigenen Menschseins werden kann. Ideales Menschsein, den Menschen in seiner radikalsten Realisierung jedoch glauben wir in der Person Jesu Christi zu finden. In der Erfahrung dieses idealen Menschseins Christi sehen wir zugleich Gott, der sich in Jesus Christus selbst offenbart (Joh 14,9; Kol 1,15). Beim Menschsein Christi handelt es sich nun nicht um ein solidarisches oder pragmatisches Eintauchen des Göttlichen in das verruchte Milieu einer verfallenen Spezies mit dem Ziel seiner Errettung, sondern um die Selbstoffenbarung und -aussage Gottes. Indem Gott sich selbst in seinem Wort aussagt, begründet er in Jesus Christus wahres Menschsein. Ungebrochenes Menschsein steht nicht erst am Ziel mensch-

112

lichen Bemühens, sondern ist der Anfang göttlichen Wirkens, ist Ersthandeln und schöpferisches Wirken Gottes, nämlich in Jesus Christus.

Menschsein ist nun aber keine bloße göttliche Idee oder ein Bild. In Joh 1,14 spricht die Schrift nicht nur von der Mensch-, sondern von der *Fleisch*werdung des ewigen Logos. Mensch- und Fleisch-Sein sind unabdingbar miteinander verbunden, ohne die körperliche bzw. leibliche Hypostasierung des Menschseins ist dieses nicht möglich. Wenn in Jesus Christus wahres Menschsein entstanden ist, kann es in diesem vollen Menschsein kein Mehr oder Weniger in seinen Teilen geben, weil es sonst kein volles Menschsein wäre. Es kann also auch kein Mehr oder Weniger göttlicher Durchdringung geben, denn die göttliche Inkarnation betrifft alles das, was wir als „menschliche Natur" bezeichnen, so auch das Leibliche, das zu dieser Selbstaussage Gottes ebenso gehört wie das Geistige.

In der Konsequenz dieser Feststellung müssen wir nicht nur von der Kostbarkeit des menschlichen Körpers sprechen, der solcherart von Gott Zeugnis gibt. Vielmehr können wir auch die abwertende Sicht des Leiblichen zu überwinden versuchen, nach der Inkarnation nur als die nachträgliche göttliche Annahme und Erlösung menschlicher Verderbt- und Schwachheit im paulinischen Sinne angesehen würde. Denn eine solche Sicht übersieht die grundsätzliche Bedeutung der Körper- bzw. Leiblichkeit für den Weg zum Heil. Das Heil wird uns nicht zuteil trotz der Schwachheit unseres Leibes, sondern wir gewinnen es gerade in der Leiblichkeit als dem vom Logos begründeten und zum Heil bestimmten Menschsein. Gott hat es gefallen, seinen Sohn Mensch in seiner unabdingbaren Leibhaftigkeit werden zu lassen, eine Grundaussage unseres Glaubens, die gegen alle Interpretationen eines Scheinleibes in der Zwei-Naturen-Lehre ausdrücklich von der Kirche festgehalten wurde. Damit sind wir aber gerade *im* Leib und nicht *vom* Leib erlöst worden. Darum ist unsere Aufgabe keinesfalls die Überwindung des Leibes, sondern seine Erfüllung![1] Unser Heilsweg geht also ohne Wenn und Aber nur auf dem Weg dieser empirischen Leiblichkeit. Natürlich ist dieser Leib auch der

[1] Der Glaube an die Auferstehung bzw. an das ewige Leben erfordert zwar die Vorstellung einer fleischlosen menschlichen Existenz, aber einer die Individualität bewahrenden leiblichen.

Ort der Sünde, doch bedeutet das, daß der Ort der Sünde zugleich auch der Ort des Heils ist.

Zudem muß man bei der Rede vom „Leib der Sünde" (Röm 6,6) sehr sorgfältig differenzieren. Kommt die Sünde des Leibes aus der Schwäche des Fleisches? – Zunächst ist zu unterscheiden zwischen „Körper" und „Leib". Sehr häufig werden die Begriffe synonym verwendet, obwohl sie das nicht sind. Während ein bzw. der menschliche Körper eine naturwissenschaftliche Größe meint, ist der Leib ein psychisch-intellektuell-geistig geprägter Körper. Zwar haben wir alle einen weithin gleichen Körper mit den gleichen Organen und dem gleichen Bewegungsapparat. Aber wie sehr dieser Körper als Leib geprägt ist, erfahren wir schlagartig, wenn Menschen sich bewegen und sich dabei die Persönlichkeiten der einzelnen völlig unterschiedlich widerspiegeln. Wir sprechen also vom Leib, wenn wir die Dimension der Persönlichkeit einschließen wollen und nicht die biologische Einheit meinen.

Wir tun gut daran, uns das Körperliche als unsere Lebensgrundlage deutlich zu machen. Nichts, nicht einmal unser Denken wäre uns möglich ohne diesen Körper, er bildet die Voraussetzung für alles. Daß wir nichtsdestoweniger normalerweise kein Loblied auf unseren Körper im Munde führen, sondern, wenn wir über ihn reden, meistens klagen, liegt vor allem daran, daß er so phantastisch funktioniert. Wir bemerken ihn kaum, weil wir von ihm von vornherein getragen werden. Die Abwertung, die das Körperliche dennoch so vielfältig erfahren hat, hat seinen Grund darin, daß man sich seines Körpers überwiegend defizitär bewußt wird. Der Körper „meldet" sich mit Hunger, mit Durst, Müdigkeit, Schmerzen, Jucken, Husten, Sehschwäche, Lähmung usw., also mit lauter Unannehmlichkeiten. Andere sind mehr oder weniger riskante Gelüste: Appetit, orale Bedürfnisse, sexuelle Erregung. Dabei sind diese in ihrem Grundbestand eigentlich nur die notwendigen Voraussetzungen zum Überleben, jene lediglich die Regenerationserscheinungen des ansonsten reibungslosen Dienstes der Körperorgane.

Dieser wunderbare Körper sündigt nicht! Im Gegenteil „klagt" er vielmehr über ein Zuviel oder Zuwenig an Essen, Sport, Schlaf usw. und sucht ein höchst maßvolles Leben. Wird er nicht durch Fehlbehandlung deformiert, entspricht er in jeder Hinsicht der Herrlichkeit Gottes und ist wahrhaft Inkarnation, also Selbstaussage und Epiphanie unseres Gottes.

Wer sonst macht den Leib sündig, wenn nicht der Körper? Bei unserer Reflexion müssen wir hier mindestens den Begriff der Psyche im modernen medizinischen Sinne nennen als die Summe der affektiv-emotionalen Momente des Menschen. Die Psyche ließe sich theologisch ebenso positiv wie das Körperliche beschreiben, ist sie doch in vielem diesem als affektiv-emotionalem Impuls eingebettet oder vorgeordnet. Allerdings ist die Psyche eine höchst komplexe Sache; vielleicht ist der Mensch hier am anfälligsten und sensibelsten. Von daher entstehen in dieser Dimension leicht Störungen und Überreaktionen, die sich auch intellektuell nicht so einfach regeln lassen, ja oft genug den Verstand mit in Bann ziehen und auch das Zentrum des Willens beeinflussen. Spätestens hier sind keine klaren inhaltlichen wie begrifflichen Grenzziehungen zwischen den Komponenten möglich, die die ganze, komplexe menschliche Natur bilden. In jedem Fall aber sind alle vegetativen und geistigen Anlagen des Menschen natürlicherseits zum Gelingen des Lebens (auch in sozialer Hinsicht) bestimmt. In allem können wir a priori keinen Sitz der Sünde ausmachen. Allerdings gibt es Über- und Unterentwicklungen, Anfälligkeiten und Störungen, die zu mancherlei Fehlverhalten führen können und zu dem, was man dann „Sünde" genannt hat. Dabei ist die Sünde nur das Korrigierbare des Verhaltens, aber nicht alle auftretenden Fehlformen, die oft genug auf dem nur mehr oder weniger gelingenden Zusammenspiel der komplexen natürlichen Komponenten basieren. Ein moralisch richtiges Verhalten ist darum das, was das leibliche Gleichgewicht stabilisiert oder wiederherstellt und den Grund für die Über- oder Untertreibungen aus der Welt schafft. In diesem Sinne wäre es töricht, den Leib, der seine Ordnung aus dem Gleichgewicht bezieht, bekämpfen oder überwinden zu wollen. Man würde nichts erreichen, nur neue Wunden schlagen. Vielmehr bedarf es großer Sensibilität für die tatsächlichen Bedürfnisse.

Was wir dabei noch nicht erwähnt haben, ist das, was die Tradition die unsterbliche „Seele" und bestimmte Anthropologien das „Ich" genannt haben, womit die individuelle Persönlichkeitsmitte gemeint sein soll. Inzwischen haben auch christliche Denker aufgehört, diesen Kern der Person als „Seele" dualistisch dem Leib gegenüberzustellen, weil diese Trennung nicht durchzuhalten ist. Insbesondere in der traditionellen Verkündigung sollte die „Seele" einschließlich des Geistes die Bestimmende über den Leib sein, doch war bei dieser Vereinfachung wohl der

Wunsch nach einer größeren willentlichen Lenkung des Verhaltens der Vater des Gedankens, als daß man die komplexere Realität beschreiben wollte. Denn es gilt mindestens auch das Umgekehrte: Sowohl körperliche Phänomene (zum Beispiel das Alter) als auch psychische Vorgänge (zum Beispiel die Schwermut) prägen und verwandeln die „Seele" und verweisen auf die Untrennbarkeit der menschlichen Natur. In ihrer göttlichen Herkunft als auch in ihrer gegenseitigen Durchdringung und Verwiesenheit ist die menschliche Natur nicht auseinanderzudividieren, sondern ist eine und erscheint als der eine Leib.

Wir sehen also, daß es natürlich der Leib sein muß, der die Sünde gebiert, denn nur in ihm sind wir und äußern wir uns (auch gedanklich). Aber das heißt nicht, daß er die Sünde zeugt. Das sind komplexe Bedingtheiten, bei denen die Grenzen zwischen den theoretischen Bestandteilen der menschlichen Natur überschritten werden und eine Trennung in materielle (fleischliche) und geistige Sphären völlig willkürlich geschähe. Vor allem sind es akzidentielle Mängel am vollen Bestand und guten Wesen der menschlichen Leiblichkeit als göttliche Schöpfung. Uns Menschen ist es von daher verwehrt, gering vom Menschen zu denken, weil damit gering von Gott, dessen Selbstaussage der wahre Mensch ist, gedacht wird. Die ganze menschliche Natur ist inkarnatorisch zu sehen und verpflichtet uns zur Wertachtung des Leibes.

Welch eine Paradoxie! Gerade das Christentum, dem der Ruf, leibfeindlich zu sein, penetrant anhängt, wäre berufen, sich nicht nur um den Schutz des Lebens zu sorgen, sondern auch um eine spezifische Pflege des Leiblichen und des *Geistlich-Leiblichen*. Diese Pflege bestünde aber weder in einer Körperkultur moderner Konsumgesellschaft (mit Bodybuilding, Sonnenbänken, Eros-Centern usw.) noch in einer großen Gesundheitsgesellschaft („Sport für alle" o.ä.), wobei letzteres wenigstens nicht falsch wäre. Vielmehr sollte sich das Bemühen darauf richten, was das eigene und das der anderen Mensch- und Personsein fördert, weil das unserer Bestimmung entspricht. Praktisch schließt das sicherlich die Gesundheitpflege mit zum Beispiel sportlicher Betätigung und ausreichendem Schlaf ein bzw. Gesundheitsschädigendes wie Rauchen aus. Aber bedeutsamer wäre es, die Fähigkeiten der *leiblichen Wahrnehmung* und der *leiblichen Ausdrucksformen* zu üben und zu pflegen.

Die Fähigkeit zur Wahrnehmung des Leiblichen beginnt mit dem wachen Gespür für das eigene leibliche Gleichgewicht und die dafür notwendige Ordnung. Sie erkennt die eigene und fremde Befindlichkeit aufgrund nonverbaler Äußerungen und leiblicher Phänomene und ist von daher in der Lage, Menschen besser zu verstehen. Das Vermögen leiblicher Ausdrucksformen hat als die eigene Fähigkeit zur Gestaltung von sozialer und auch geistlicher Kommunikation erheblichen Anteil an der psychischen und seelischen Gesundheit. Beide, die Wahrnehmungs- und die Ausdrucksfähigkeit des Leiblichen, sind bei vielen Menschen und gerade im kirchlichen Leben bedenklich unterentwickelt, was sich vielfältig – von der Medizin, die nur Symptome behandelt, bis hin zu erstarrten Trauerfeierlichkeiten – belegen ließe. Speziell kirchlich manifestiert sich die Unfähigkeit zum Umgang mit dem Leiblichen bedrückenderweise ausgerechnet in der hoffentlich auch heilsamen Feier des Glaubens, wenn es vielleicht die meisten Gottesdienstbesucher überhaupt nicht stört, ihnen womöglich sogar noch sehr recht ist, leiblich weitestgehend inaktiv zu sein und sich wie bei einem Vortrag ständig nur an einem (Sitz-)Platz aufzuhalten, während weltliche Feiern ganz selbstverständlich ohne reichlich Bewegung, Akteure und natürlich den Tanz gar nicht vorstellbar sind! Da können die Psalmen namentlich zu Jubel und Tanz aufrufen – in den üblichen Gottesdiensten hat der Lobpreis Gottes Sitzungscharakter! Und das persönliche Gebet? Sein bevorzugter Ort dürfte vermutlich das Bett sein… Verehrung des leibgewordenen Gottes ohne die ausdrückliche Einbeziehung des Leibes? Das unbegreiflich Große der göttlichen Inkarnation müßte zu weit mehr Konsequenzen führen.

b) Tanzend „Leben in Fülle" realisieren

Nun ist es an der Zeit, vom Tanz zu sprechen bzw. ebenfalls vom Wesen des Tanzes. Dieses bestimmen zu wollen ist ähnlich gewagt wie bei der Spiritualität. Eine umfassende Darlegung, was der „Tanz" phänomenologisch sei, ist für unsere Betrachtung auch müßig. Doch dürfte die Aussage, daß der Tanz über dem Üblichen, Alltäglichen der menschlichen Bewegungsphänomene liegt, hilfreich und kaum zu bezweifeln sein. Der Tanz integriert zwar gleichermaßen das Gehen, das Schreiten, die Gebärde, das Laufen, das Springen usw., doch übersteigt er das alles noch einmal durch die Dichte und Vielzahl der Abfolgen, durch Tempo und Temperament, durch Vielgestaltigkeit und Komposition. Wir sprechen da von Tanz, wenn eine Bewegungsabfolge nicht mehr in das übliche Verhaltensmuster an alltäglichen Handlungen paßt, sondern dieses in reicher Weise überboten wird. Hier wird deutlich, daß der Tanz nicht erst zum Leben dazukommt, sondern die Steigerung des Normalen bedeutet – vielleicht eine überraschende Einsicht, weil gesellschaftlich in der Regel das Bewußtsein vorherrscht, man müßte das Tanzen überhaupt erst lernen, sonst könnte man es gar nicht. Das bezieht sich jedoch lediglich auf die festgelegten Formen zum Beispiel des Gesellschafts- und Volkstanzes sowie des Balletts, die aber nicht alle Aspekte des Tanzens abdecken. Natürlich verlangt der Tanz nach stimmigen Formen, die der den Tanz tragenden Musik und dem situativen Sinn des Tanzes entsprechen; man kann nicht nur improvisieren, selbst dabei greift man weitgehend auf Form-Elemente zurück. Aber dennoch vermag selbst der zu tanzen, der nicht die Formen beherrscht, jedoch weiß, seinen leiblichen Ausdruck einmal über das Normale hinauszuführen. Tanzen können heißt zutiefst, das Besondere und Gesteigerte zulassen zu können und das Stete, Normale, Mittelmäßige einmal zu verlassen. Im Grunde kann man die geformten Tanzweisen wie Standard- und Volkstänze auch nur dann richtig tanzen, wenn man dieses andere, das Loslassen des Normal-Regulären zuvor beherrscht. Ansonsten verbleibt die Bewegung ohne innere Erfüllung als ein schulgemäßer Bewegungsablauf und ohne eine tiefere Dynamik.

Selbstverständlich beschränkt sich die Erfahrung der Begeisterung, des Rauschhaften und Ekstatischen nicht nur auf den Tanz. Wer sich zum Beispiel ganz in einen sportlichen Wettkampf oder auch in Sexualität hineingibt, erfährt dies. Vermutlich erlebt auch jemand, der mit einem musikalischen Instrument so vertraut ist, daß keinerlei Intensität bei der technischen Beherrschung des Instrumentes verlorengeht, solche Momente von Außerordentlichem und Ekstase. Diese Beispiele beinhalten jedoch stets eine Bindung an Regeln, an ein Instrument oder einen Partner usw. und setzen gleichzeitig viel Beherrschung voraus. Darum scheint es so zu sein, daß das (nicht formgebundene) Tanzen idealtypisch die freieste Ausdrucksmöglichkeit überhaupt darstellt, ist man doch dabei an nichts und niemand gebunden! – Wenn das auch nur ideal gedacht und vermutlich höchst selten praktisch realisierbar ist, so geht es hierbei doch um die

Richtung. Das heißt: Der Tanz bietet in hervorragender Weise grundsätzlich die Möglichkeit, Freiheit und gesteigertes Leben wahrzunehmen. Tanz kann das ausdrücklich zwanglose Medium sein, das geeignet ist, sich von Verkrampfungen seines Erlebens oder Ausdrucks zu befreien.

Das hört sich vielleicht gut an, doch findet es beileibe nicht nur Zuspruch. Der Einladung zur praktizierten Freiheit und zum zwanglosen Ausdruck begegnet oft genug Abwehr. Abwesenheit von Zwängen verursacht Unsicherheit und Hilflosigkeit. In der Tat muß man erst einmal die Verwendung von Freiraum lernen, wenn man ihn nie kennengelernt hatte. Außerdem ist Tanzen ein Luxus; es muß nicht sein, das Leben geht auch ohne Tanz vonstatten. So gibt es – vermutlich gar nicht so wenige – Menschen, die ihr ganzes Leben nie diese Dimension des Ekstatischen, d.h. des Herausgehens aus dem Normalen, und einer unverkrampften Freiheit erlebt haben, selbst wenn sie vielleicht sogar bei einer sogenannten „gesellschaftlichen Verpflichtung" erlernte Tanzschritte taten. Man kann durchaus sein Leben lang im Mittelmäßigen bleiben. Oft genug wird man das gar nicht so empfinden, gibt es doch genügend Möglichkeiten, sein Unvermögen an Ausdrucksfähigkeit zu kompensieren oder wenigstens zu kaschieren, auch vor sich selbst. „Tanzen ist nichts für mich, das weiß ich", heißt das dann. Die Angst, ohne vertrautes Verhaltensmuster dazustehen, ist wahrscheinlich sogar bei den meisten Menschen eine erhebliche Größe. Unser Intellekt sorgt dann unmittelbar dafür, daß wir gute Gründe vorweisen können, es besser wie gehabt zu belassen.

Es gibt nur wenige Bereiche, wo so viel Abwehr gegen Veränderung geschieht wie in der Kirche. Wir religiös Orientierten sind oft nicht die Stärksten und suchen in unserem Glauben Halt. (Das ist auch ganz in Ordnung; Jesus hat sich bewußt an die Schwachen gewandt.) Veränderungen in der Kirche nehmen u.U. den angestammten Halt weg, deshalb können sie nicht sonderlich willkommen sein. Wahrscheinlich geht es aber auch in unserem Sinne gar nicht ohne Veränderungen, denn wir bleiben ja auch nicht dieselben. Trotzdem bauen wir uns unser kleines Gefängnis, das uns zwar schützt, aber auch unser Leben verkümmern läßt.

In der Auseinandersetzung mit den Religiösen von damals hat Jesus denen und uns Heutigen „Leben in Fülle" (Joh 10,10) verheißen. „Leben in Fülle" meint nicht Leben so schlecht und recht, Leben, mit dem man halt zufrieden sein muß, so wie es eben ist. „Leben in Fülle" ist das

Optimum, Leben ohne Einschränkung und ohne Verkürzung. Natürlich ist unser aller Leben ständig bestimmt von allen möglichen Einschränkungen, und die ganze Fülle des Lebens erwarten wir nicht zu Unrecht erst für unser Leben in der Herrlichkeit Gottes. Aber nichtsdestoweniger fordert Jesus auf, sich unverzüglich von allen lebenshemmenden Dingen befreien zu lassen – sei es Geld, Krankheit oder Sabbatgesetz. Jesus will freie Menschen, frei von Angst, Selbstmitleid, Verbitterung usw., Menschen, die nicht gleich sagen: Das kann ich nicht!

Ist Tanzen nicht das Paradigma für ein befreites Leben? Man tue das nicht ab als Schwärmerei! Beim Tanzen kann man sich nicht an einem Instrument, an der Kirchenbank, am Rednerpult, an der Zigarette oder etwas Ähnlichem festhalten. Plötzlich muß man diesen Leib, mit dem man sonst nur geht und sitzt, in eigener Verantwortung sinnvoll bewegen. Nun zeigt sich sofort und im Grunde brutal ehrlich, ob man sich nur in seinen eingefahrenen Bahnen zu bewegen weiß. Unser Verhältnis zum Tanz sagt darum eine ganze Menge über unsere Einstellung zum Leben aus, ob wir dem Leben in seiner Vollgestalt auf der Spur sind oder ob wir uns nur absolut ungern auf unsicheres Neuland wagen. Das läßt sich beim Tanzen durchaus beantworten, weil unser Leib unser ehrlichster Ausdruck ist, über den man nicht hinweggehen kann. Und die Angst vieler Menschen vor dem Tanzen resultiert eben daher, daß es dann rauskommt: nicht das, daß man vielleicht ein paar Schritte nicht beherrscht, sondern daß man mit seinem Leibsein und vielleicht auch mit vielen vitalen Dingen im Leben gar nichts anzufangen weiß. Denn daß man so ein paar Tanzschritte nicht ausführen kann, liegt ja nicht am Tanzen, das motorisch sicher nicht schwieriger ist als Autofahren. Es liegt an dem, der sich nicht daranwagt.

Wer dann aber doch einmal die massive Hemmschwelle überschritten hat, die uns hindert, den Tanz oder wenigstens die Gebärde als Möglichkeit des Ausdrucks zuzulassen, der erfährt die ungleich andere Wirkung dieses Ausdrucks. Denn u.U. wird sich nicht nur manches lösen, was vorher buchstäblich „festgesessen" hatte. Womöglich folgt die ganze Psyche den inneren Kräften, die sich Raum und Luft verschaffen würden, wenn man dies zuließe. Es ist eine der wesentlichen Erfahrungen der Tanztherapie, daß etwas im Tanzen erstmalig und paradigmatisch erprobt werden kann, was dann aus dem Gefühl der größeren inneren Freiheit zur auch äußeren Befreiung von situativen Zwängen und vermeintlichen

Unabänderlichkeiten führen kann. Eine solche Erfahrung bedeutet aber nicht bloß nur etwas Psychohygiene, die auch schon wichtig genug wäre, um sich um Möglichkeiten des ungehinderten Ausdrucks zu bemühen. Es geht um die Spiritualität eines „Leben in Fülle" und ein entsprechendes Beten. Christliches Beten meint ja nicht ein Bemühen, Gott zu etwas mehr Barmherzigkeit zu überzeugen. Gott als der Ersthandelnde ist uns in Menschwerdung und Auferweckung seines Sohnes unüberbietbar und irreversibel zugetan (Röm 8,32). Darum ist Beten nunmehr nur noch ein Atmen vor Gott: ein Äußern all dessen, was lastet und bedrückt, und ein immer neues Auf- und Annehmen der unbedingten Bejahung unserer Existenz durch Gott. Im Tanz als ungezwungenem Dasein vor Gott könnten wir uns öffnen, um unser gelähmtes Leben frei und ausdrucksfähig zu machen. Geistliches Tanzen – möglicherweise improvisiert oder auch im ungezwungenen Vollzug einer Form – nimmt die Befreiung ernst, die Gott schenken will.

c) Erfahrung von Freiheit, Annahme und Harmonie Gottes

Die Freiheit des menschlichen Lebens beruht darauf, daß das Leben letztlich in der Verantwortung Gottes steht und damit menschliches Tun mit all seinen Konsequenzen relativ bleibt. Die letzte Sicherheit für unsere Existenz schenkt Gott und hat dies bereits getan, indem er durch die Auferweckung seines Sohnes die Schuld und letzte Schwere des Lebens begrenzt, wenn nicht aufgehoben hat. Darum gehört zu aller Ernsthaftigkeit des Lebens unbedingt eine Gelassenheit und spielerische Freiheit vor dem Handeln, Halten und Dasein Gottes. Zugleich rechtfertigt diese Einsicht ein spielerisches und künstlerisches Tun als das Wahrnehmen der uns von Gott geschenkten Freiheit. So kann und will das Spiel, die Musik und der Tanz Frucht und Ausdruck einer Spiritualität sein, die sowohl Gott seine Verantwortung glaubt und läßt als auch menschliches Bemühen in seiner Bedeutung nicht vergöttlicht.

Es ist eine wesentliche Erkenntnis der Theologie, die Erfahrung als grundlegendes Moment des Glaubens und damit der Spiritualität zu begreifen. Das verweist uns darauf, die Erfahrung des Tanzens geistlich sehr ernst zu nehmen. Wie wir gesehen haben, bietet der Tanz in nicht zu überbietender Weise einen Raum, die menschliche Freiheit ausdrücklich wahrzunehmen. Diese Erfahrung ist zu übertragen auf ein Tanzen im Glauben und ausdrücklich vor Gott. Ein solches Tanzen ist die ideale Möglichkeit, das Sein-Dürfen, das So-, das Leiblich-, das Frei-sein-Dürfen als Geschenk von Gott her leibhaftig zu erfahren. Diese Erfahrung sei hier deshalb so betont, weil die unbedingte Annahme des Menschseins wie des einzelnen Menschen durch Gott die Grundlage des christlichen Glaubens an den liebenden Gott bildet. Andererseits wirkt kaum eine Erfahrung auch nur annähernd so nachhaltig und eindringlich wie die, die leibhaftig erfolgt ist. Darum hat diese Erfahrung des Tanzens eine Schlüsselfunktion. Als Glaubenssatz wird die göttliche Annahme des Menschen zwar in Verkündigung und Theologie häufig thematisiert. Doch das heißt noch lange nicht, daß sie auch schon realisiert wurde und Kraft zum Leben geben kann. Dazu bedarf es erst einer wirklich spürbaren Erfahrung, wobei die großartige des Tanzens leider noch weitgehend ihrer Entdeckung harrt.

Diese leibliche Erfahrung des Frei- und Angenommenseins ist aber nur eine der wesentlichen geistlichen Tanzerfahrungen. Eine andere ist die der Harmonie von Bewegung und Musik: Nahezu jede Musik löst eine Bewegung aus, meistens eine innere. Rührt uns eine Musik tief an, kommt bei uns etwas ins Schwingen, gerät sozusagen die Seele in Bewegung. Je nach Charakter und Temperament mag man manches Mal geneigt sein, dieser inneren Bewegung nachzugeben in eine äußere hinein. Gelingt es dann dabei, sei es durch Kenntnis einer auf die jeweilige Musik abgestimmten Schrittfolge oder sei es durch ein gelingendes Improvisieren, eine Entsprechung von Bewegung und Musik zu finden, führt das zu einem tiefen, erfüllenden Erlebnis. Hier wird die Schönheit von Musik und Tanz unmittelbar wahrgenommen. Der glaubende Mensch weiß diese Harmonie als eine von Gott seiner Schöpfung geschenkte Qualität zu erkennen. Er kann diese göttliche Harmonie nicht nur sehen, erkennen und benennen, er vermag sich sogar in ihr zu bewegen, darin hineinzuschwingen und ein Stück weit darin aufzugehen. Auch hier ist das anzuwenden, was wir über das Moment der Erfahrung für den Glauben sagten: Die Harmonie der Schöpfung wird nicht außerhalb von sich betrachtet, sondern im eigenen Leib gespürt und erlebt.

Zugleich erfährt die oder der Tanzende aber auch noch eine dritte Gabe: das Erlebnis des Spiels des Körpers, das Gelingen der Bewegung, der

Wendigkeit, der Vielgestaltigkeit. Das alles ist beglückend und schafft selbst dann noch ein Gefühl der Zufriedenheit, wenn es dem Körper Mühe macht und der Schweiß rinnt. Im Freizeit- und Fitneß-Bereich ist uns das nur zu gut bekannt und bewußt. Aber merkwürdigerweise hat das gar keine Auswirkungen auf unsere Spiritualität, obwohl doch unser Leib uns Gabe und Auftrag Gottes ist. In einem geistlich verstandenen Tanzen wäre auch das bewußt zu sehen: Unser so oft vernachlässigter und sitzgewohnter Leib erfährt, sich so bewegend, in seinen Gliedern den eigentlichen Vollzug seiner Bestimmung. Nicht nur, daß wir sehen, wie körperliche Fähigkeiten gelingen, sondern auch, daß sie hier zum Ausdruck der Freude in und über Gottes Liebe genutzt werden, ist Wahrnehmung der göttlichen Inkarnation bei uns selbst.

d) Tanz als Dimension der Feier

Eine ganz wesentliche spirituelle Bedeutung des tänzerischen Ausdrucks, die hier nicht ungenannt bleiben kann, ist die der Gestaltung des Rituals und der Feier. Bereits seit den Anfängen der Menschheit hat der Tanz in fast allen Kulturen in ihren Frühphasen und in vielen Kulturen auch durchgängig die magischen, religiösen und staatlichen Rituale geprägt. Oft wurde der Tanz selbst zum Ritual, so daß jenes nur noch als Tanz vorstellbar war. Dieses Phänomen ist bereits so alt, daß immer und immer wieder geschrieben wird, der Tanz sei religiösen Ursprungs, eben weil er tatsächlich seit der Steinzeit stets dort auftaucht, wo magische oder religiöse Rituale oder Kult auszumachen sind. Daß diese Behauptung abgesehen von historischen Unstimmigkeiten auch phänomenologisch nicht stimmen kann, liegt auf der Hand: Das Tanzen wurde ja nicht als „der" Tanz, *ein* Tanz, also als eine festumrissene Sache, einmal erfunden und dann fortwährend tradiert. Wir haben vielmehr gesehen, daß Tanzen zunächst einfach die Steigerung des normalen Bewegungsrepertoires eines *jeden* Menschen bedeutet und in diesem Sinne von jedem erfunden werden kann. Diese große Affinität des Tanzes zum Ritual und zum Kult ist jedoch nicht nur ein religionswissenschaftliches Faktum, das nun mit der zunehmenden Intellektualisierung der Kulturen zum Beispiel im Christentum und im Judentum zugunsten der Verbalisierung und Musikalisierung an Aktualität nachgelassen hätte und für uns Heutige als bloße

Historie zu behandeln wäre. Es muß hier aber die Frage sein, warum es eine solche Affinität von Kult und Ritual und Tanz überhaupt gab und in anderen Kulturen noch heute gibt. Dem Ritual bzw. dem Kult ist es eigen, jenseits des Alltäglichen in eine Sphäre des Besonderen abzuheben. Wesentliche Lebensinhalte oder -konflikte sollen rituell verdichtet, gewürdigt oder symbolisch gedeutet bzw. bearbeitet und gefeiert werden. Diese Heraushebung des Vorganges, also die Feier, verlangt einerseits nach ebenfalls herausragenden Ausdrucksweisen und -formen, andererseits ruft sie auch ein Empfinden des besonderen Momentes hervor, nämlich die Ergriffenheit. Zu solchen herausragenden Formen gehören beispielsweise die feierliche Lesung alter Texte, ausgesuchte, ehrwürdige Gesänge, prachtvolle Kleidung, eine symbolische Handlung und sehr häufig der Tanz. Dabei ist in der Regel eine wesentliche symbolische Handlung das Zentrale eines Rituals, da sie die Bearbeitung der Thematik darstellt. Wenn die sich einstellende Ergriffenheit nach leiblichen Ausdrucksformen verlangt, kommt sie fast zwangsläufig zum Tanz als der Form der gesteigerten und hervorgehobenen und darum für die Feier adäquaten Bewegung. Gleichzeitig gibt die Dimension des Tanzes die Formen her, die in dieser Sphäre des Nichtalltäglichen stimmig sind. Daraus kann ein Tanz zur wesentlichen Handlung des Rituals selbst werden, ist doch die Handlung notwendig ein Bewegungsablauf. Dagegen fehlt zum Beispiel dem bloßen Vorgang eines Verlesens oder eines Gesangs die Bewegung, weshalb sie nur in defizienter Weise Träger der zentralen Handlung sein können. Übertroffen wird der Tanz in seiner Eignung freilich noch von der szenischen Darstellung, die ja selbst direkte Handlung ist. Sie bedarf allerdings einer feierlichen Hinführung (oder Weiterleitung), wozu sich nun wiederum der Tanz hervorragend anbietet.

In dieser Bedeutung ist die Dimension des Tanzes fast allen anderen Gestaltungselementen und -weisen entweder überlegen oder zu ihrer Ergänzung höchst ratsam. Folglich ist es nur natürlich, wenn der Tanz in Kult und Ritual einen hohen Stellenwert einnimmt. Vor allem aber zeigt sich, daß eine wesentliche Feier, die keinen Tanz kennt, einen substantiellen Faktor menschlichen Ausdrucks mißachtet und nicht der ganzen Fülle des Lebens bzw. des „Lebens in Fülle" gerecht wird. Daß und wie so etwas Defizientes aussieht, zeigt die protestantische und kaum minder die katholische Liturgie schon seit geraumer Zeit.

Zugegebenermaßen erfordert Tanzen eine ganze Menge an physischem und psychischem Engagement sowie Selbstoffenbarung, die lange nicht jedermann einzusetzen bereit ist. Außerdem ist der christlichen Spiritualität ein starker introvertierter Zug eigen, der dem Expressiven des Tanzes entgegensteht. Da nimmt es nicht wunder, daß die Kirchenmusik sich zu einer riesigen Institution entwickelte, aber der Tanz wohl nur etwas für das gesellschaftliche Leben zu sein schien. Die Kirchenmusik hat sich schließlich zu einer grandiosen Kompensation der affektiv-emotionalen und intuitiven Bedürfnisse der Liturgie ausgebreitet. Das gelang um so mehr, als ja das Hören der Musik eine angenehme Passivität zuläßt. Allerdings gelingt diese Kompensation nicht vollständig. Schon sehr lange wird die Starrheit der Liturgie beklagt. Inzwischen besteht schon eine regelrechte Negativerwartung, daß die Bewegtheit des Lebens in der Liturgie sowieso nicht vorkommt. So existiert also ein erheblicher Nachhol- und Handlungsbedarf, um diese Defizite auszugleichen. Selbst wenn wir von einem „Aufbruch" zum sakralen Tanz zu sprechen wagen, sind jedoch damit keinesfalls die Schwierigkeiten, die zu diesen Defiziten führten, überwunden und werden vermutlich auch weiteren Bestand haben, weil dieses Leben in der Fülle, im Vollständigsein, für viele Menschen so kaum vorstellbar ist. Allerdings könnte es für alle, die sich von Gott die ganze Fülle des Lebens im Gebet und in der Feier schenken lassen wollen, wert sein, immer wieder zu versuchen, hier eine Änderung anzustreben.

2. Klärungen

Der Widerstand gegen das Tanzen (nicht nur im religiösen Bereich) ist anscheinend genauso alt und unauslöschlich wie das Tanzen selbst. Unbestreitbar war und ist der Tanz eine sehr ambivalente Sache, die die Geister scheidet. Diese Ambivalenz betrifft sowohl das Tanzen selbst als auch seinen Kontext. Wir hatten bereits eingangs erwähnt, daß der Tanz gesellschaftlich und in seinen konkreten Ausformungen immer wieder mit mehr und minder großen Exzessen in Verbindung stand, zum nicht geringen Teil auch ursächlich. Schaut man sich die orgiastischen Erscheinungen der Antike und des Mittelalters an, seine Protzsucht und die kollektiven Tanzpsychosen, aber auch neuzeitliche Phänomene wie etwa die Scheinwelten des Wiener Walzer oder des Pop u.a., so geht es nicht um Fragen der Moral und des Geschmackes, die man so oder so beurteilen mag, sondern um echte Fehlentwicklungen. Gegenwärtig werden wir wohl mit einer Phase eines sehr kultivierten Umgangs mit dem Tanz verwöhnt, in der vielleicht nur der Heavy-Metal-Rock und der Karneval à la Rio uns eine ziemlich eindeutig negative Tanzkultur bieten. Tanzen kann jedenfalls – das sollten wir bei allem Kopfschütteln über die Leib- und Tanzdistanziertheit der Religiösen früherer Zeit nicht vergessen – sehr handfest destruktive Formen mit sich bringen. Aber die Ambivalenz des Tanzes selbst und seines Ambientes ist auch an viel subtileren Momenten festzumachen. Damit gelangen wir zu der Thematik, die uns direkt angeht, nämlich zu den Ambivalenzen des geistlichen Tanzes. Spirituelles Tun generell entzieht sich leicht jeder Nachfrage, weil hier Eindeutigkeit schwierig ist. Das gilt auch für das Tanzen, vermutlich sogar in besonderem Maße.

Wenn christliche Spiritualität nicht Selbstbetrug oder Kompensation sein will, sondern Begegnung mit dem lebendigen Gott, bedarf sie kollektiv wie individuell immer wieder der Reinigung und Läuterung, weil die Ehrlichkeit gegenüber sich selbst ein höchst anstrengendes Unternehmen ist, dem wir alle nur zu gerne ausweichen. In bezug auf den Tanz bedeutet eine solche Rede von einer notwendigen Läuterung etwas völlig anderes als die traditionelle Bewertung des Tanzes als etwas Un- oder Mindermoralisches. Nicht der Tanz steht zur Disposition, sondern die Echtheit und Wahrheit sich selbst gegenüber im Tanz als spirituellem Tun. Mehrfach haben wir es erlebt, daß Frauen äußerten, meditative Tänze zur Entspannung zu tanzen; ältere sagten, diese Tänze seien nicht so schnell und deswegen für sie geeignet, und sie wollten die Tänze lernen, um geistig und körperlich fit zu bleiben. Wohlgemerkt geht es um Tänze, die anderenorts als „sakrale" gelehrt wurden! Bei diesen Äußerungen ist der Sachverhalt der Motivation eindeutig. Als „sakral" deklariertes Tanzen ist nicht immer so heilig oder religiös, wie es in enthusiastischen Aussagen glauben gemacht wird. Es kann ganz andere Motive als spirituelle enthalten, sogar ohne daß sich die oder der Tanzende auch nur in etwa dessen bewußt wäre (vgl. die Aussagen von J. Sudbrack).

Der Grund einer kritischen Reflexion solcher Phänomene liegt in der

Eigenart des Tanzes. Es hat gute, aber ganz profane Gründe, warum der Tanz so faszinieren kann; wir werden noch sehen, welche das sind. Es ist beispielsweise ein gewaltiger Unterschied, ob man für seine Meditation etwa Sitzen (im Zen) oder Tanzen wählt. Tanzen hat – wenigstens für jemand, der sich grundsätzlich gern bewegt – zweifellos etwas Reizvolles, und statt seine innere Bewegung und Unruhe stark reglementieren zu müssen wie beim Sitzen, kann man ihnen spielerisch nachgeben. Möglicherweise ist das zunächst einmal sehr hilfreich, was für ein solches Tanzen spricht. Aber es kann auch passieren, daß man sich tanzend nur einfach wohl fühlt und beim Wohlfühlen bleibt, während man beim Sitzen viel schneller an den Punkt gekommen wäre, an dem man innere Blockaden wahrgenommen hätte. Allerdings würde das Sitzen vielleicht auch nur die Blockaden deutlich machen, die sich u.U. erst mit viel, viel Zeit und Gespür lösen ließen, was tanzend mit viel mehr Leichtigkeit intuitiv gegangen wäre. – Man sieht an dieser sehr vereinfachten Gegenüberstellung bereits ansatzweise, welche Schwierigkeiten, aber auch Vorteile das Medium des Tanzes mit sich bringt.

Vielleicht wäre es zum gegenwärtigen Zeitpunkt opportuner, in der Öffentlichkeit vor allem die großen Chancen des geistlichen Tanzens zu entfalten, von denen wir ganz und gar überzeugt sind. Aber gerade deswegen brauchen wir uns und anderen nichts vorzumachen und können redlich ebenso auch problematische Aspekte reflektieren. Es bedarf unabdingbar – auch oder gerade für Tanzbegeisterte – solcher Klärungen, um zum Eigentlichen zu gelangen.

a) Psychische Phänomene

Ähnlich wie nicht nur der Appetit dazu führt, das Essen aufzusuchen, sondern auch – wie das Sprichwort sagt – mit dem Essen der Appetit sich noch einstellen kann, sucht nicht nur immer die Motivation und Lust den Tanz als ihr Ausdrucksmittel, sondern das intensive Tanzen selbst ruft eine eigene Befindlichkeit hervor. Es ist das gerade beim Tanzen mögliche Erlebnis einer dichten Harmonie von Musik, Bewegung und Psyche. Denn hier wird nicht allein den Bewegungsorganen Raum zur meist ungezwungenen Aktivierung gegeben, sondern auch und synchron den psychischen Rezeptoren, die auf die Musik reagieren. Harmonie und

Befriedigung, Lust und Freude empfinden wir dann, wenn es gelingt, eine intrapsychische Entsprechung unseres Bewegungsrepertoires zur Musik zu finden. Je intensiver und umfassender dieses Tun und diese Entsprechung ausfällt, desto stärker geschieht die Befriedigung – obwohl man sich vielleicht körperlich viel mehr anstrengen muß und stark ins Schwitzen gerät. Weil gerade beim Tanzen die Intensität von Tun und Erleben maximal werden kann, bietet es leicht eine weitgehende oder gänzliche Erfüllung.

Der amerikanische Psychologe Mihaly Csikszentmihalyi nennt Erlebnisse dieser Art – nicht nur auf den Tanz beschränkt – „flow-Erfahrungen", weil die von ihm interviewten Personen ihre Empfindungen bei sie erfüllenden Erlebnissen als wie „schwebend" oder wie „von einer Welle getragen" beschrieben.[2] „Flow"-Phänomene sind nach Csikszentmihalyi Erlebnisse von größter Befriedigung, Glücksgefühlen und Manifestationen eines positiven Lebensgefühls für das jeweilige Individuum.[3] Die Grundstruktur des „flow" besteht in der vollständigen Konzentration der psychischen Energie (Aufmerksamkeit) auf ein Tun; in dem Wunsch, sich ganz auf eine Sache einzulassen und sich dahinein zu versenken, entsteht ein Gefühl der Selbstvergessenheit. Dieser Verlust der reflektierenden Selbstwahrnehmung führt zu einem Empfinden des totalen Verschmolzenseins mit der Handlung und mit der (Um-)Welt. Dadurch wird insbesondere die eigene Begrenztheit nicht mehr wahrgenommen, es entsteht ein Empfinden von Harmonie und Macht, nämlich der Macht, widerstands- und frustrationslos das Tun und die Umwelt zu beherrschen und von keinen äußeren Faktoren abhängig zu sein. Das entscheidende Moment für das Zustandekommen eines solchen Höhenfluges mit einem durchdringenden Empfinden von Lust und Genuß ist ein Gleichgewicht zwischen den Anforderungen und der individuellen Leistungsfähigkeit, bei dem weder Angst vor Überforderung noch langweilende Unterforderung Grenzen deutlich werden lassen. Solche „flow"-Erfahrungen kann man sich am besten beispielsweise bei Sportlern wie Ski-Abfahrtsläufern oder Rennfahrern usw. vorstellen, die bis zum völligen Rausch ihr Tun ausüben können; aber grundsätzlich sind nach Csikszentmihalyi bei sämt-

[2] Csikszentmihalyi 1992, 62.
[3] Zum Folgenden ders. 1985 u. 1992.

lichen Aktivitäten „flow-Erlebnisse" möglich, zum Beispiel auch bei Musikern und natürlich bei Tänzerinnen und Tänzern. Er zitiert einen Tänzer: „Sobald ich drin bin, gleite ich einfach dahin, habe Spaß daran, fühle einfach, wie ich mich bewege.... Ich erlebe dabei eine Art von physischem *flow*-Zustand... ich gerate ins Schwitzen, werde fiebrig oder gewissermaßen ekstatisch, wenn alles wirklich gut läuft."[4] Das Tanzen, das durch seine Breite von Leib- und Sinnesaktivierung vielfältige Rezeptoren anspricht, durch die räumliche Freiheit die leibliche Umsetzung von Phantasien zuläßt, durch seine Raumbeherrschung Dominanzgefühle aufkommen läßt, im gemeinschaftlichen Tun schon durch die Gleichförmigkeit der Bewegung Harmonie schafft und von der Musik getragen wird, ist eine der idealen Tätigkeiten, um diesen Genuß und die Lust eines „flow" zu erleben. Zu Recht unterscheidet Csikszentmihalyi jedoch zwischen „tiefem flow" und „seichtem flow" je nach Intensität, denn nur selten werden solche Zustände wie Trance oder einem restlosen Aufgehen in der Tätigkeit erreicht.[5]

Csikszentmihalyi erhebt diese Beobachtungen zu einem Prinzip der Lebensgestaltung. Statt sich pflichtorientiert mühsam durch seine Arbeit zu quälen oder anstatt gelangweilt seine Freizeit zu vergeuden, rät er, sich bewußt Anforderungen zu wählen und auf deren befriedigendes Bestehen zu setzen. Hier liegt der Grund, warum wir so ausführlich Csikszentmihalyi wiedergeben. Er macht nämlich sehr deutlich, wie diese Momente der Erfüllung erzeugbar und weitgehend verfügbar sind. Daran zeigt sich, wie absolut profan ein solches Phänomen ist. Weil gerade eine Tätigkeit wie das Tanzen sich hervorragend anbietet, solche „High"-Momente des Erlebens zu produzieren, ist deshalb hier auch größte Vorsicht bei einer transzendenten Interpretation geboten. Das großartige Empfinden einer grenzenlosen Verbundenheit mit dem Kosmos weiß auch der zu erreichen, der etwas über „flow"-Erfahrungen weiß, aber nichts Sakrales im Sinn hat.

Die starken Empfindungen, die das Tanzen zu einem solchen beeindruckenden Erlebnis machen, sind nun aber nicht an eine Art Rausch-Erlebnis gebunden, wie es sich vielleicht bei einem ungehemmten „Rauslassen"

[4] Ders. 1992, 138.
[5] Ders. 1985, 143.

aller Energie, bei einem Austoben einstellt. Auch wenn es äußerlich relativ gemäßigt und ruhig zugeht, haben bestimmte Empfindungen eine stark beeindruckende Wirkung. Die Rede ist hier vom Gefühl des *Ergriffenseins*. Bei überwiegend langsamer und feierlicher Musik und am besten noch in Verbindung mit einer getragenen Bewegung in einem besonders gestalteten Rahmen (in einem großen Raum) stellt sich leicht eine Empfindung der Erhabenheit ein, die ganz und gar ergreifend wirkt. Da geschieht etwas, was fast unwiderstehlich das Gemüt anrührt und umfängt. Solche ergreifenden Momente von Feierlichkeit und Erhabenheit kennen wir ebenso von großen weltlichen Ritualen wie zum Beispiel den Eröffnungsfeiern der Olympischen Spiele mit dem Abspielen der Nationalhymnen, bei militärischen Zeremonien, bei Staatsakten usw. als auch von vielen kirchlichen Zeremonien, die meistens darauf abgestimmt sind – zum Beispiel bei Hochzeitsfeiern. Sowohl religiös als auch säkular werden bei den Feierlichkeiten große Dinge, Besonderes und „Heiliges" thematisiert, zum Beispiel eine große Aufgabe, eine weltumspannende Idee, eine Lebensleistung, der Kosmos als Gegenüber usw. Immer wieder haben christliche Apologeten solche Empfindungen von Ergriffenheit bei weltlichen Ritualen als religiös deklariert, auch dann, wenn die Veranstaltung und ihre Teilnehmenden gar nicht religiös sein wollten. Das sei die „säkularisierte Religiosität" des modernen Menschen.[6] Doch dieser Vereinnahmungstendenz muß entgegengehalten werden, daß es durchaus eine „säkulare Ergriffenheit"[7] gibt, die ein psychisches Phänomen darstellt und weithin machbar ist.

In einer solchen Situation fühlt man sich von innen heraus gedrängt, das innere Angerührt- und Bewegtsein in einen äußeren Ausdruck umzusetzen, da die innere Bewegung vielleicht sehr stark ist. Die Ergriffenheit erhält dann eine besondere Erlebnisqualität, wenn sie in eine äußere Bewegung umgesetzt werden kann und es möglich ist, an einem Ritual beteiligt zu sein. Hier können u.U. diffuse Bedürfnisse zu befriedigen gesucht werden, die sich aus den häufigen Frust- und Kontingenzerfahrungen heraus gebildet haben: das Gefühl des großen Momentes, den man selbst (mit-)gestaltet, das Erlebnis des Unbegrenzten, die Offenheit

---

6 Forster 1977, 12.
7 Schmidtchen 1979, 41f.

für Rausch und Ekstase, der Sog nach der Vereinigung mit dem Unendlichen der Welt, der Drang, sich ungehindert mitzuteilen, das Ausdrückenwollen des Unausdrücklichen usw. – Manches davon erinnert durchaus an die Orte und Zeiten, wo sich totalitäre Regime zelebrierten und an sich selbst berauschten; da bestanden nicht die Hemmungen, sich solche Bedürfnisse, die uns vermutlich allen eigen sind, zu erfüllen.

Schon buchstäblich verweist „Ergriffenheit" auf die Erfahrung eines scheinbar Übermächtigen. Tatsächlich gewinnt man bei der Lektüre von Äußerungen von Tänzerinnen und Tänzern, die sich ganz dem Tanz hingaben, den Eindruck, „es" hätte sie gepackt, d. h., das Sich-Hineingeben mache zugleich eine gewisse Passivität (wohl des Reflektierens) aus und „etwas" bestimme sie. Das gilt vor allem für ekstatische Formen, die stärkste Weise des Ergriffenseins. Nicht nur bei Naturvölkern, sondern eben auch bei westlichen Tänzerinnen und Tänzern wird das Ekstatische von daher entweder als etwas in der Sphäre des Göttlichen oder wenigstens als religiös gedeutet. Damit beziehen wir uns auf Äußerungen von Isadora Duncan, Ruth St. Denis und Martha Graham[8] bzw. von ihnen beeinflußte spätere Autoren, die ihr Empfinden von Ganzheitserfahrung und Weltverbundenheit religiös deuteten oder überhöhten. Aber auch wenn man es nicht gleich mit Ekstase zu tun hat, sondern nur in eine besondere Stimmung gerät, wird das Ergriffensein als Erlebnis des Großen und als von außen kommend schnell religiös interpretiert, meistens genauso diffus, wie auch das Empfinden ist. Außerdem gibt es noch einen ganz anderen Grund für eine religiöse Konnotation des tänzerischen Ergriffenseins: Ergreifende Feierlichkeiten sind meist nur aus dem kirchlichen Raum vertraut und werden deswegen leicht dem Religiösen zugeordnet.

Was wir hiermit herausarbeiten und betonen wollten, ist dieses: Wir haben es hier mit ganz normalen psychischen Phänomenen zu tun. Nicht jedes Empfinden von Ergriffenheit, Erhabenheit und Feierlichkeit ist schon ein religiöses Erleben; nicht jedes Tanzen in Ergriffenheit ist bereits Gebet. Das sollte nicht vergessen werden, wenn allzu schnell und leichtfertig bereits etwas zum Gebet erklärt wird, was zunächst einmal als psychisches Phänomen ernstgenommen werden müßte. Gerade weil beim

---

[8] Vgl. Stüber 1984, 82f, 102, 131f.

Tanzen sehr vieles und sehr viel mehr als bei anderen (religiösen) Verhaltensweisen angerührt und ausgelöst wird, gilt es hier sorgfältig zu unterscheiden. Gebet ist nicht vor allem Gefühl, sondern ein existentieller Akt des bewußten Daseins vor Gott auch bar jedes erhebenden Gefühls, ist Offenheit für eine Botschaft, die in Frage stellt und oft genug jedes Gefühl der eigenen Großartigkeit verschwinden läßt.

Im folgenden wollen wir uns aus dieser Überlegung heraus der Tanzgattung zuwenden, die ausdrücklich ihr Tanzen als Gebet versteht und von einigen der genannten Aspekte erheblich betroffen ist. Zugleich begegnen wir damit der verbreitetsten sakralen Tanzweise Mitteleuropas.

b) Meditatives / Sakrales Tanzen und Christliche Tanzmeditation

In vielen Bildungshäusern und -einrichtungen gehören Wochenendseminare mit dem Titel „Meditatives Tanzen" inzwischen zum Standard-Angebot. Diese Tanzform hat sich im Verlauf nur weniger Jahre derart verbreitet, daß sie großen Teilen aufgeschlossener kirchlicher Kreise zumindest ein Begriff ist. Was hat dieser Art des Tanzens eine solche Verbreitung beschert? Was steckt dahinter?

Das „Meditative Tanzen" oder „Sacred Dance" wurde begründet von dem deutschen Tänzer und Choreographen Bernhard Wosien (1908–1986). Nach langen Jahren des Tanzes auf der Bühne und der inneren Wanderschaft fand er zu den Volkstänzen, insbesondere zu denen Südosteuropas hin. Dabei wurde ihm „auf dem Weg zur Meisterschaft des Tanzes … die grundlegende Erkenntnis zuteil, daß der Tanz … ein esoterischer Weg ist."[9] In den Balkan-Tänzen glaubte er, archaische, kosmische und archetypische Formen und „Urbilder" wie zum Beispiel den Kreis, Fünfstern, die Schlange und das Kreuz erkennen zu können. Diese Formen offenbarten sich ihm als Heiliges und Religiöses.[10] In seiner einzigen – postum veröffentlichten – Schrift bezeichnet er das Tanzen dieser Ursymbole einerseits als eine „Selbsterfahrung durch Bewegung"[11], andererseits als die „Verklärung seiner (sc. des Menschen) Existenz, übernatürliche,

---

[9] B. Wosien 1988, 22.
[10] AaO. 89 u. 92, vgl. auch aaO. 25: „Tanz als ein formgeprägtes bewegtes Bild ist das Heilige selbst."
[11] AaO. 5.

seinsmäßige Umwandlung seines Inneren und Erhebung zu seinem göttlichen Selbst".[12] Nach der Begegnung mit der esoterischen Findhorn-Ge-
meinschaft in Schottland entwickelte Wosien die „Meditation des Tanzes"[13], die er nun etwa seit 1978 einem Schülerinnenkreis und in zahlreichen Seminarveranstaltungen lehrte. Südosteuropäische Volkstänze
sowie neuchoreographierte Schrittfolgen zu ruhiger klassischer Musik
(insbesondere Adagios und Largos) wußte Wosien als Ort des Zuganges
zu archaischen, esoterischen und religiösen Weisheiten zu vermitteln.
Dieses „Meditative Tanzen", wie es bald genannt wurde, fand nach seinem
Tode seine Fortsetzung und eine gewisse Fortentwicklung bei seinen
Schülerinnen und namentlich bei seiner Tochter Maria-Gabriele Wosien.
Diese folgen alle dem gleichen Grundinterpretament des Tanzens von
geometrischen Mustern (Kreis, Kreuz, Rad, Spirale, Labyrinth usw.), die
als „Bewegungsarchetypen"[14] verstanden und getanzt werden. Praktisch
heißt das: „Die Urbilder, die in den Grundformen des Reigens und seiner
vielen Varianten eingewoben sind, tauchen wieder auf und werden lebendig und wirksam durch den Nachvollzug. Damit öffnen sie tiefere Dimensionen des Seins."[15] Wie eine solche Wirksamkeit vor sich geht und was
damit gemeint ist, bleibt ungesagt. Die führenden Vertreterinnen des
Meditativen Tanzens sind einheitlich davon überzeugt, daß die Archety-
pentheorie C. G. Jungs problemlos auf die tänzerische Verwendung von
Symbolen übertragen und angewandt werden kann.[16] Allerdings thema-
tisieren sie in keiner Weise das Unbewußte, vielmehr folgen sie ihrem
Lehrer in der Ansicht, daß die – am besten auf dem Balkan zu gewinnen-
den – Symbolmuster durch die begangene Tanzwegornamentik einfach
„Wirkungen" haben. Was das für Wirkungen sind, die wellenförmig von
innen nach außen oder von außen nach innen gehen sollen, wissen auch
Hilda-Maria Lander und Maria-Regina Zohner, die das lehren, nicht
genauer zu sagen. Ihr ein wenig unsicher wirkender Rückgriff auf Jung
(„C. G. Jung meint, daß heilende Wirkungen in diesem Vorgang sind"),

[12] AaO. 25.
[13] AaO. 96.
[14] M.-G. Wosien 1988, 9.
[15] AaO. 64.
[16] Lander/Zohner 1987, 24f u. 53f; Soltmann 1989, 27; Maegle [3]1989, 5; M.-G. Wosien
1988, 9, 53, 56, 64; M.-G. Wosien 1990, 17, 35.

ihre geheimnisvolle Rede, daß „im Umschreiten, Umwandeln das Verwandeln liegt, auch des eigenen Ich, eine Grundwirkung in allen Kreistänzen"[17], und ihre vielfache Unbestimmtheit lassen ungeklärt, was nun die Meditation, um die es ihnen geht, eigentlich soll bzw. was ihr Gegenstand ist. Denn eine Meditationsform sagt ja noch nichts über den Meditationsinhalt aus. – Eine andere Schülerin Bernhard Wosiens, Marie-Luise Soltmann, hält sich mit solchen Details nicht lange auf: „Indem wir Urbilder tanzen, sind wir archetypisch mit den alten Symbolen der Menschheit verbunden. Diese Symbole lassen ein Gefühl der Verbundenheit mit dem Kosmos entstehen. Tanz kann auch als Gebet erfahren werden."[18]

Bei der prominentesten Vertreterin des Meditativen Tanzens, Maria-Gabriele Wosien, die den Titel „Sakraler Tanz" verwendet, ist die Sprache stärker religiös gefärbt: Der Kreis als die Grundform des Reigentanzes sei der hervorragende Ort der „Begegnung mit dem Göttlichen"[19]; hier geschehe „unmerklich"[20] die „Umpolung des natürlichen in den göttlichen Ursprung des Menschen"[21]. Ganz wesentlich sei sowohl die Mitte des Kreises als auch seine Peripherie: „Die Mitte ist das Du, dem wir begegnen und dem wir uns öffnen wollen. Das ist eben Gott oder das Göttliche. Das ist das Selbst."[22] „Durch diese Orientierung zur Mitte hin, um die sich der Umschwung aller Dinge vollzieht, hat der Gläubige als Tänzer teil am sich wandelnden und sich stets erneuernden Gott. So ist der Tänzer der von Gott Begnadete: In der Hinwendung zur Mitte erfährt er die Segnung des Ursprungs, dadurch, daß er auf der Peripherie des Kreises entlang tanzt, ,verleibt er sich Gott ein', und vermöge seines sich wandelnden Standpunktes verwandelt er sich selbst, indem er in der Mitte ruht."[23] Bei solch staunenswerten Sätzen fragt man sich, wo sie spirituell und theologisch, also in welchem Gottesbild sie ihren Ursprung haben.

[17] Lander/Zohner 1987, 53–55; vollständig heißt es dort (54): „C. G. Jung meint, daß heilende Wirkungen in diesem Vorgang sind: – Entdecken des persönlichen Symbols in den Ursymbolen, in den Weltbildern und – Wiederverbinden des persönlichen Symbols mit den archetypischen Symbolen der Menschheit mit seiner übergreifenden Erfahrungsweise."
[18] Soltmann 1989, 27.
[19] M.-G. Wosien 1988, 16; Maegle ³1989, 35; M.-G. Wosien 1990, 21f.
[20] M.-G. Wosien 1988, 16.
[21] Dies. 1990, 22.
[22] Maegle ³1989, 35.
[23] M.-G. Wosien 1990, 15.

Obwohl Wosien ihre Choreographien als Gestaltungsmöglichkeiten für die (christliche) Liturgie anbietet[24], kann man bei ihr nicht erkennen, ob es sich um eine christliche Spiritualität des Tanzes handelt, weil diesem Gottesverständnis schwerlich zu folgen ist: Häufig ist die Rede ganz allgemein vom „Göttlichen", mal vom „Schöpfer", mal von den „Göttern", „von dem Gott", einfach von „Gott", von Gott als „Geist *und* dunklem Drang"[25] oder, wie oben angeführt, von dem „sich wandelnden und sich stets erneuernden Gott". Gott oder Göttliches also als die Mitte, aber nicht des Menschen, sondern des Kreises[26] – das läßt sich kaum mit den biblischen Darstellungen Gottes zur Deckung bringen!

Wir wollen diesen Gang durch das Schrifttum dieser Tanzgattung nicht weiter fortführen, weil das keine neuen Aspekte mehr brächte.[27] Man sieht: Die Grundlagen des Meditativen Tanzens verlieren sich irgendwo im Esoterischen. Im Grunde ist es jedoch nur beklagenswert, daß die Schule, die als erste in unserem Kulturkreis den Tanz zur spirituellen Praxis erhob, sich nur aufgrund ihres wohl zu schwachen Selbstbewußtseins bzw. im Vertrauen auf ein einzelnes Charisma die polemische Abwehr jeglicher kritischer Reflexion meinte leisten zu müssen. Denn das Meditative Tanzen hätte etwas Substantielles in die europäischen Kirchen einzubringen gehabt, wenn es nicht so leichtfertig auf jegliche theologische und spirituelle Vertiefung verzichtet hätte. Aber das Dilemma, das sich derzeit noch ausweitet, war insofern fast vorprogrammiert, als in diesen Jahren in der an solchen Dingen interessierten Gesellschaft (und Kirche!) – um vielleicht etwas zu scharf mit Fulbert Steffensky zu sprechen – „überbordende Bilderlust, Bauchfreudigkeit, Ritualsehnsucht, Mythenfreudigkeit und Symbolversessenheit"[28] völlig einseitig einem gesunden Argumentieren vorgezogen wurde und wird. Unklugerweise wird häufig bei der Rede von der „Ganzheitlichkeit" vergessen, daß zum Ganzen eben auch der Kopf dazugehört!

---

[24] AaO. 9.
[25] Dies. 1988, 8.
[26] Vgl. o. u. außerdem dies. 1990, 12: „Für den Tanzend-Betenden ist der unendliche Gegenstand seiner Verehrung das Du, das aus der eigenen Mitte geboren wird in der Sammlung und Stille konzentrierter Bewegtheit; dieses Du findet seine äußere Entsprechung im Zentrum des Kreises."
[27] Eine ausführliche Diskussion habe ich vorgelegt in: Vogler 1991 u. 1992a.
[28] Steffensky 1993, 11.

Vielleicht aber rächt sich hier auch das Dilemma der *emotionalen* Monotonie der kirchlichen Liturgien, in denen es viel zu selten atmosphärisch einmal warm wird. Beispielsweise Frauengottesdienste oder feministische Riten, in denen das Meditative Tanzen eine ganz wichtige Rolle spielt, garantieren dagegen Intimität, persönlichen Bezug und unmittelbare Beteiligung aller Teilnehmerinnen. In der Tat kann kein in den vom Altar weit entfernten Kirchenbänken zu standardisierten Orgelklängen gesungenes Kirchenlied dem atmosphärischen Vergleich mit einem meditativen Tanz standhalten. Außerdem wird ethisch viel thematisiert und eingefordert; psychisch gesehen ist es in der Kirche oft anstrengend. Das ist beim Meditativen Tanzen anders, das ist eine Welt der Gefühle. Die oben angeführte Kurzformel von Soltmann trifft das in diesem Ambiente vorfindbare Empfinden ziemlich gut. Es ist ein Tanzen inmitten der großen Dinge: „Archetypen", „Ur-Symbole", „Ur-Gebärden", „Verbundenheit mit dem Kosmos", „uralte Weisheiten", „getanzte Weltbilder", „Erfahrung der Mitte", „Begegnung mit dem Göttlichen", „das Mythische Urbild", „Einssein mit dem Absoluten", „zeitlose, erfüllte Gegenwart" usw. Dazu bietet die meist getragene Musik gemeinsam mit einer bedeutungsvollen Tanzgebärde rund um die „gestaltete Mitte" (in der Regel Blumengesteck mit Kerze) die Situation, um Erhabenheit zu verspüren. Die religiöse Konnotation ist nur der logische nächste Schritt. Allerdings wollen wir durchaus die geäußerten religiösen Intentionen ernst nehmen, auch den Wunsch nach Meditation. Nur ist weder Spiritualität noch Meditation, sollen sie denn echt sein, so einfach zu „machen" bzw. zu haben.

Das Meditative Tanzen hat nicht zuletzt deswegen eine solche Nachahmung gefunden, weil es sehr konsumfreundlich vermittelt wird und nahezu keinerlei Voraussetzungen bzw. Vorkenntnisse erfordert. Die Struktur – vielleicht sollte man besser von Proportionierungen sprechen – entspricht die der hiesigen Vermittlung von Folkloretänzen, nämlich kurze Musikstücke zur Auswahl auf elektroakustischen Tonträgern. Je nach Vorerfahrung kann man die oft vereinfachten griechischen Tänze oder leichten Choreographien zu getragener klassischer Musik meist sehr rasch lernen und – gleich weitergeben! Das hat einen gewaltigen Markt mit sich gebracht, denn während man für sonstige Lehrtätigkeiten jahrelange Vollzeit-Studien benötigt, ist man hier bereits nach ein paar Wochenendseminaren soweit. Diese Wochenendkultur ist jedoch keine Fehlentwicklung im Sinne der Erfinder. Von Anfang an wurden die Tänze in dieser Weise vermittelt, von Anfang an die Cassetten mit der Musik immer weiter und weiter kopiert. Von daher meldet sich bei uns deutliche Skepsis: Nach einem kurzen, dichten Lernprogramm während der Seminare ist Schluß, weder ist eine Einübung in den Alltag noch irgendeine spirituelle Einbettung vorgesehen. Dabei ist hier immerhin von „Tanz als Gebet"[29] die Rede, und das nicht nur nebenbei! Wie kann sich Gebet auf die Freizeitgestaltung am Wochenende reduzieren lassen? – Es ist nicht unsere Aufgabe zu beurteilen, ob man hier überhaupt von einer Spiritualität sprechen sollte. Wir stellen nur mit Interesse fest, daß die am häufigsten genannte Erlebnisbeschreibung der Teilnehmerinnen des Meditativen Tanzens ist: „Es hat mir gutgetan." Das ist es, eine Tanzweise zum Wohlfühlen! Und das ist gut so, das soll sie gerne sein, denn eine solche Erfahrung brauchen wir. Nicht umsonst sprechen wir vom „Meditativen Tanzen", nicht vom *„Meditierenden Tanzen"*[30]; schon sprachlich hat es den Charakter des Nur-so-Erscheinenden, Nur-so-Wirkenden. Solange man keine anderen Erwartungen aufbaut, kommt man hier gut zurecht. Schwierig nur wird es dann, wenn ein solches Tanzen eine andere Form des Gebetes tatsächlich ersetzen soll. Denn das bloße Gefühl von Ergriffenheit und Verbundenheit mit dem Kosmos bedeutet weit weniger als die Befreiung und das Angenommensein durch Gott, das der christliche Glaube verkündet.

Vielleicht weil die Widersprüche zu offensichtlich waren, hat schließlich vor nicht allzulanger Zeit die einstige Schülerin von M.-G. Wosien, Gabriele Wollmann, ihr Verständnis des Meditativen Tanzens neu bedacht und versucht, es aus seiner esoterischen Sackgasse heraus weiterzuführen. Sie sieht sich selbst als die „Begründerin der Christlichen Tanzmeditation"[31] an und versteht es als ihre Aufgabe, Menschen den „Tanz als Gebet" nahezubringen. Wenn sie auch in der Herleitung, im Material und im Sprachgebrauch ihrer Sache noch weitgehend ihrer früheren Lehrerin ähnlich ist, will sie doch klar unterscheiden: Meditatives Tanzen ohne

[29] M.-G. Wosien 1990, 1 u.ö.
[30] Lander/Zohner 1987, 9, reißen als einzige diese erhebliche Differenz einmal kurz an, um es damit schon bewenden zu lassen.
[31] So ihr Programm-Faltblatt u. pers. Äußerungen.

ausdrückliche christliche Zuordnung sei der „naturalen Meditation" vergleichbar und setze keinen religiösen Glauben voraus.[32] Erst in einem zweiten Schritt komme die oder der Tanzende „von der Selbst-Erfahrung zur Du-Erfahrung", nämlich zum „Du Gottes", „zum lebendigen Gott der Offenbarung"[33]. Als „gleich wichtiges Element der Tanzmeditation neben Bewegung und Gebärde" sieht sie das Wort Gottes. Es ist „Grundlage und Impuls" für die Meditationstänze.[34]

Die grundsätzliche Modifizierung, die Wollmann im Rahmen ihrer Erklärung der Christlichen Tanzmeditation eingebracht hat, ist trotz aller verbleibenden Defizite zweifellos ein großer Fortschritt. Endlich ist damit begonnen, dieser Weise des Tanzens und Meditierens einen sinnvollen Inhalt zuzuordnen.

Allerdings befindet sich ein solches „naturales" wie explizit christliches Meditationsverständnis noch ganz am Anfang. Zunächst müssen wir die auch bei Wollmann noch nicht überwundene Fixierung auf das bisherige Symbolverständnis des Meditativen Tanzens als kontraproduktiv bedauern; die prinzipielle Präferenz des griechischen Volkstanzes hat ihren Grund in der Biographie Bernhard Wosiens, nicht aber in der Sache. Es macht keinen Sinn, eine bloße Form wie zum Beispiel den Kreis meditieren zu wollen, es kommt auf den jeweiligen Inhalt eines zum Symbol gewählten Gegenstandes an. Bei dem mittelalterlichen stilisierten Ballspiel und Tanz der Kleriker am Ostermorgen in den Kathedralen hat man das Labyrinth überschritten als Symbol für das überwundene Böse und die überwundene Macht des Todes. Heute betrachtet man im Meditativen Tanzen Labyrinthe meistens als Symbol des eigenen Lebensweges mit seinen vielen Windungen. Das Beispiel zeigt, daß man sich als einzelner oder als Gruppe klarwerden sollte, welchen Inhalt man einer Form zuschreibt, denn man meditiert schließlich den Inhalt an einem passenden Gegenstand oder Bild. Mit Sicherheit werden auch die in den Wosien-Schulen verwendeten Formen nicht ausreichen, ganz andere werden hinzukommen, und in ihren Formen folgen sie den Inhalten. Man kann und wird sich dabei von der Kreisform lösen, vielleicht um einmal das Geviert eines Kreuzganges prozessionsmäßig zu durchtanzen, vielleicht

---

[32] Wollmann 1992, 397.
[33] Ebd.
[34] AaO. 398.

um eine geostete Kirche zu durchmessen, usw. – Nachdrücklich unterstreichen aber möchten wir die Orientierung Wollmanns auf Schriftworte hin. Die alte christliche Tradition der Meditation von Schriftworten kann hier realistisch eine Fortsetzung erfahren.

Diese mehr gegenständliche Meditation des Tanzes ist eine Weise. Eine andere wäre die ungegenständliche Meditation in der Bewegung, also ein Verspüren und Kosten des Daseins vor Gott. Was wir zum Tanzen vor Gott im 2. Kapitel bedachten, gilt natürlich auch für die getanzte Meditation.

Mit Sicherheit sieht die Dauer eines solchen tanzenden Meditierens anders aus als die drei- oder fünfminütigen Einheiten des Meditativen Tanzes. Man kann nicht in solchen Häppchen wirklich zur Besinnung kommen. Es müßte darum auch versucht werden, die Musik aus der „Konserve", also vom Tonträger, vielleicht durch ein Instrument wie eine Flöte o.ä. zu ersetzen. – Das alles und noch manches mehr bedarf noch sehr der Erprobung und Prüfung. Bislang gibt es erst einen Ansatz und schon einen Namen dafür. Die Wahrscheinlichkeit, daß daraus mehr wird, ist groß und läßt hoffen.

c) Dürre und Dunkelheiten

Gerade im Kontext des Meditativen Tanzes läßt sich beobachten, daß hier bei vielen die feste Erwartung besteht, Tanzen müßte in seiner Gestaltung „schön" und harmonisch sein. Eine solche Erwartung ist recht problematisch. Sie ruft zwangsläufig Enttäuschung hervor, wenn es einmal nicht so ist oder gelingt, und zeigt an, daß man sich bereits von solchen Gegebenheiten abhängig macht. Man müßte sich fragen, ob man sich hiermit nicht nur eine einlullende Stimulanz schafft, die fernab von wirklichem Meditieren und Gebet liegt.

Allerdings hat der Wunsch nach dem Schönen zuweilen aber auch eine starke Berechtigung, und zwar gerade dann, wenn es im Innern ganz dunkel geworden ist.

Die „Trösterin Musica" ist seit Jahrhunderten bekannt als eine Quelle der Tröstung in dunklen Stunden. Wenn das Dunkel die Seele umfängt und den Blick auf die positiven Seiten des Lebens verstellt, sind es oft nicht mehr Worte, sondern Klänge, die das Herz noch erreichen und erweichen können. Die Seele, die dann – bildlich gesprochen – manchmal wie erstarrt und versteinert „festsitzt", läßt sich so wenigstens ein bißchen anrühren und bewegen über das Lauschen der Klänge hinaus. Wir erinnern hier an die Wechselwirkung von innerer und äußerer Bewegung: Eine äußere Bewegung, und sei es nur ganz simples Spazierengehen, ist oft hilfreich, weil sie die dunkel gestimmte Seele einfach mitnimmt. Um so mehr geschieht das noch beim Tanzen, wenn sowohl Klänge als auch Bewegung an das Innerste rühren. In solchen Stunden kann das von Musik und Tanz Ergriffenwerden sehr hilfreich sein, ja, man kann seine Bedeutung leicht unterschätzen. Der Leib erfährt im bewegten Tun, daß es doch noch etwas anderes gibt als die depressive Resignation.

Aber der Tanz tröstet nicht immer. Manchmal verlangt er doch zuviel an Engagement, und das sollte man auch respektieren. Vielleicht obsiegt sogar das Gefühl des Sich-verkriechen-Wollens oder der Erstarrung, und die Seele braucht mehr Zeit für sich. Dennoch sollte das nicht bedeuten, sich nun ganz in sich zu verschließen. Insbesondere der, der noch ein wenig offen für Gott sein kann, mag sich hier ganz bewußt seines Leibes erinnern, mit dem er sowieso ständig vor Gott da ist. Kann nicht dieser Leib in einer ganz einfachen Gebärde, etwa mit den geöffneten, leeren Händen, die Not und Bedürftigkeit wortlos am besten zum Ausdruck bringen?

Ein solches inneres Dunkel, das wir hier skizzierten, ist oft die Folge eines traurig stimmenden Verlustes, vielleicht eines nahen Angehörigen oder einer geliebten Tätigkeit. Natürlich kann hier auch pathologische Depression im Spiel sein, für die u.U. der Tanz wenigstens eines der Therapeutika sein könnte.

Aber wer sich auf den Weg mit Gott gemacht hat, der erfährt zuweilen eine ähnliche innere Öde. – Für die meisten von uns hat der persönliche Glauben mit irgend etwas Faszinierendem oder Begeisterndem begonnen. Doch Begeisterung hält sich selten. Nun muß sich zeigen, ob der Glaube trägt und auch auf Faszination oder andere tragende Gefühle verzichten kann. Das ist leichter gesagt als realisiert, wenn Gebet und Gottesdienst nicht mehr als Heimat, sondern als Öde empfunden werden. Roger Schutz schreibt in der Regel von Taizé: „Es gibt Tage, an denen dir das gemeinsame Gebet zur Last wird. Finde dann Wege, deinen Leib darzubieten, da deine Anwesenheit allein schon ein Zeichen ist für dein im

Augenblick nicht zu verwirklichendes Verlangen, deinen Herrn zu loben. Glaube an die Gegenwart Christi in dir, selbst wenn du keinen spürbaren Widerhall davon feststellst." Noch einmal sei daran erinnert, daß das Gebet vor allem das Dasein vor Gott meint, Verweilen in seiner Gegenwart. Wenn wir unsere leibliche Existenz ernst nehmen, dann können wir vielleicht viel authentischer vor Gott dasein, als wir das verbal ausdrücken könnten. „Wie Wasser bin ich hingeschüttet", klagt der Beter in Psalm 22,15. Wenn man sich wirklich so fühlt, spricht geistlich nichts dagegen, seinen Leib so beten zu lassen, sich also tatsächlich auf dem Boden auszubreiten. Denn nur so kann der Weg nach vorne beginnen, indem man spürt, daß man bei Gott auch so sein darf und angenommen ist und sich nicht auch noch hier zusammennehmen muß. So läßt sich in der auf diese Weise erfahrbaren Bejahung Gottes wieder Kraft schöpfen.

d) Bleibende Sehnsucht

So groß die Nähe des Tanzes zum Ekstatischen, zum Rausch auch ist – der Tanz hat etwas ungemein Ernüchterndes an sich: nämlich seine Vergänglichkeit! Ein Tanz existiert nur so lange, wie man ihn tanzt, und die sichere Aussicht, daß nach dem Verklingen des letzten Tones alles vorbei und nur noch Erinnerung ist, von der nichts übrigbleibt, ist erschlagend ernüchternd. Wer sich einmal so richtig im Tanz verloren hat, ganz darin aufgegangen ist und das Tanzen fast rauschhaft in vollen Zügen genossen hat, der wird immer wieder versuchen, solche Momente zu gewinnen. Doch sie bleiben flüchtig, und in gewisser Weise läuft man seiner Begeisterung fortwährend hinterher.

Es ist hoffentlich nicht zu pathetisch ausgedrückt, wenn man sagt, daß der Tanz die Erfahrung beschert, sich einmal seiner Erdenschwere entledigen zu können. Doch das Ende des Tanzes holt uns in die ganze Nüchternheit des Alltags nur um so stärker wieder zurück. Übrig bleibt so etwas wie eine bleibende Sehnsucht – vordergründig nach dem Tanzrausch, tiefer jedoch nach einem endgültigen Ende dieser Erdenschwere. Auch hier werden wir noch einmal an den Reigen der Himmlischen erinnert, die sich freilich endgültig bar aller Erdenschwere bewegen können. – Diese Sehnsucht ist keine Narretei der Tanzverrückten, auch keine Illusion. Vielmehr ist sie Ausdruck unserer Berufung zu einem anderen Leben als dem des desillusionierten Alltags. Man irrt sich, wenn man meinte, die Tanzenden würden dem wahren Leben entfliehen, denn wir sind ja nicht zur Lust an der Mühsal geschaffen, die Mühsal ist nicht das „wahre Leben". Andererseits lebt man auch nicht gut, wenn man dieses Leben so, wie es faktisch ist, nicht mag und annehmen kann. So bleibt es unsere Aufgabe, das Leben ganz ernst zu nehmen und nichts zu überspielen, gleichzeitig aber auch unsere Sehnsucht zu realisieren und an unsere Erlösung zu glauben.

Tanzen ist nicht alles und ist vielleicht tatsächlich auch nicht etwas für alle. Aber für die meisten! Schließlich erinnert es uns an unsere Aufgabe, uns nicht schlichtweg mit den ernüchternden Gegebenheiten unseres Lebens abzufinden. Es ist den Tanzunlustigen oder Verdrießlichen nicht zuzugestehen, gering oder abschätzig von den Tanzenden zu denken oder das Tanzen prinzipiell von sich zu weisen. Denn womit bezeugt ihr Leben, daß sie unsere Berufung zur Freude nicht nur ins Jenseits ausgrenzen? Was ist bei den Un- oder Wenigbeweglichen der Ausdruck ihrer Sehnsucht nach dem Anbruch des neuen Himmels und der neuen Erde? Mit welchem Recht kommt man eigentlich dazu zu meinen, die, die zum Beispiel in der Liturgie tanzen wollten, müßten das rechtfertigen? Warum kritisieren die heutige Moraltheologie und Liturgik nicht längst die Mißachtung des Leibes auch bei den Verkündern des fleischgewordenen Gottes? Wird die so oft warnende Kirche denn überhaupt hier in Theologie und Seelsorge ihrem Auftrag gerecht?

Viele ungewohnte Fragen, unsinnig sind sie sicher nicht für etwas nachdenklichere Geister. Denn die sind mit ihrer Sehnsucht noch nicht fertig.

3. Der „Sitz im Leben" des geistliches Tanzens

Nach diesen vielfach grundsätzlichen Erwägungen stellt sich nun aber die Frage, wie das tatsächlich Mögliche und Praktizierbare eines geistlichen Tanzens aussieht bzw. aussehen kann. Dabei gehen wir von der elementaren Erfahrung aus, daß alle Vorsätze und alles Reflektieren in bezug auf das geistliche Leben entweder folgenlos oder sogar selbstbetrügerisch beruhigend bleiben, wenn sie nicht ihren soliden und leicht praktizierbaren „Sitz im Leben" im Alltag finden. Sofern christliche Spiritualität Begegnung mit dem lebendigen Gott als Gott des eigenen konkreten Lebens meint, wird sie dieses erst dann und in dem Maße sein, wenn und wie sie Teil des normalen, alltäglichen Lebens und der Lebensgestaltung ist. Um lebendig zu sein, muß sie also praktikabel sein und praktiziert werden. Denn der Glaube will das tatsächliche Leben verwandeln und blühen lassen und nicht eine Flucht in eine glänzende Scheinwelt schaffen.

Wenn das so ist, daß echte Spiritualität ihren Ort und ihren Sitz im persönlichen und gemeinschaftlichen bzw. gemeindlichen Leben braucht, dann sollten wir nun darüber nachdenken, welche Räume sich für eine Spiritualität, die das Tanzen praktiziert, ergeben.

a) Das persönliche Gebet: Haltungen und Gebärden

Kann der Tanz, der – wie wir feststellten – doch als die Hochform des leiblichen Ausdrucks gelten muß, so etwas wie eine alltägliche Spiritualität werden? In bezug auf das persönliche Gebet der oder des einzelnen kann man sich so etwas nur schwerlich vorstellen. Tanz bedarf so viel an entsprechender innerer und äußerer Disposition, daß er wohl für das persönliche Beten in der Regel kaum zum festen Bestandteil des alltäglichen einzelnen geistlichen Lebens werden wird. Allerdings wollen wir dennoch so etwas nicht ausschließen, wenn jemand den Platz und das Temperament hat. Aber es ist fraglich, ob ein solches Tanzen so isoliert vorkäme: Wer mit Tanz zu beten vermag, der wird wohl auch mit Gebärden des Gebetes umzugehen wissen und in bewußten leiblichen Haltungen vor Gott treten. Dazu bedarf es nahezu keinerlei Bedingungen, keiner Musik und keines besonderen Raumes. Es bedarf auch keiner besonderen Stimmung oder Begeisterung. Im Grunde sind die bewußten leiblichen Haltungen und Gebärden die Ausdrucksmittel des persönlichen Betens überhaupt. Denn egal wie man betet, immer geschieht das – bewußt oder unbewußt – in einer bestimmten Haltung, selbst dann, wenn das Gebet auf der Bettkante, vor einem Grab oder bei einem Kurzbesuch in der Kirche stattfindet. Wer intensiv oder eindringlich betet, wird schon unbewußt eine Haltung oder eine Gebärde finden, die seinen Gefühlen Ausdruck verleiht. Aber auch die Umkehrung ist nicht minder wichtig: Eine bewußt gewählte Haltung oder Gebärde des Gebetes führt zu einer entsprechenden inneren Disposition. Der Leib bestimmt hier den Geist. Manchmal genügt es schon, sich selbst in einer Haltung oder Gebärde sozusagen „zuzuschauen", also sich selbst sorgsam wahrzunehmen, um bereits mitten im Gebet zu sein. Der Leib spricht eine eindeutige Sprache; wer sich zum Beispiel hinkniet und seine Hände empfangend öffnet, kann die Erfahrung seiner Kontingenz nicht leugnen.

Was aber meinen wir mit Haltungen im Unterschied zu Gebärden[35], und was sind „Gebetsgebärden"?

In den großen geistlichen Schulen ist zwar sehr viel über die inneren Haltungen nachgedacht worden, jedoch frappierend wenig über die äußeren und deren Bedeutung für die inneren. Eine Ausnahme dazu bildet nur Dominikus mit seinen Anweisungen zu den Gebetshaltungen, der genau diese Wechselwirkung gespürt hat. Ausgehend von der Annahme, daß der Geist eines Menschen für sein Tun alleinig verantwortlich sei und der Leib dessen guten Absichten oft genug entgegenstehe („Der Geist ist willig, aber das Fleisch ist schwach"), hat man zu wenig darauf geachtet, daß der Leib vielmehr der eigentliche Träger und Helfer des Geistes ist. So kann in einer großen Achtsamkeit des Geistes für die Empfindung des Leibes sehr viel Heil liegen. Wer diese Achtsamkeit gelernt hat, wird sich betend sofort leiblich seiner selbst bewußt und wird diese momentane Haltung entweder korrigieren oder ihr folgen. Das bezieht sich zum Beispiel auch auf die schon angesprochene Gewohnheit, mit Minimalaufwand im Bett liegend oder am Autosteuer sitzend noch an Gott „zu denken". In der Tat, so kann man nur noch an Gott denken, weil nur noch die Gedanken verfügbar sind, was nicht heißen soll, daß das keinen Wert hätte, so zu beten, denn oft ist das die einzige Möglichkeit.

Bewußte Haltungen sind etwa das Stehen, das Knien, das konzentrierte Sitzen, jeweils mit aufgerichtetem, weil konzentriertem und wachem Oberkörper; ferner ist die Prostratio, das Sich-Hinwerfen auf die Erde, zu nennen, und noch Zwischenformen bis hin zum Knien. Das Spezifische und Bedeutsame an den Haltungen ist die bewußte und aufmerksame

---

[35] Bewußt verwenden wir den Begriff „Gebärde" und nicht „Geste", da etymologisch die Gebärde das germanische „Baer" – tragen (vgl. Bahre) enthält, d.h. die Gebärde einen leiblichen Sinnträger und -ausdruck meint. Geste (von lat. gerere – an sich tragen, zeigen) wird zwar synonym verwendet, meint aber zugleich umgangssprachlich eine Absichtserklärung („eine Geste der Versöhnung") und ist u. E. deswegen nicht so geeignet.

Weise der Anwesenheit. Mit dieser Voraussetzung kann tatsächlich Begegnung und Wahrnehmung stattfinden, sei es im rein persönlichen Gebet oder sei es im Geschehen der Liturgie, etwa wenn die Frohe Botschaft verkündet wird.

Das Repertoire der für das Gebet sich anbietenden Haltungen ist denkbar begrenzt und überschaubar. Anders hingegen verhält es sich mit den Gebärden des Gebetes. Während Haltungen vor allem die Gesamtdisposition des Körpers betreffen, bestimmen die Gebärden die Extremitäten mit dem Oberkörper und Kopf und bieten durch den großen Bewegungsreichtum der Gliedmaßen eine Fülle von Variationsmöglichkeiten. Hier ließe sich fragen, ob man darangehen sollte, entweder die theoretisch möglichen Gebärden zu beschreiben und mit möglichen Bedeutungen zu belegen oder empirisch die im Christentum oder gar im religionswissenschaftlichen Vergleich weltweit verfügbaren Gebetsgebärden zu befragen. So abwegig ist diese Frage ganz und gar nicht, denn für sehr viele Menschen ist es – gerade wenn es sich um die Bewußtmachung von leiblichen Formen handelt – ausgesprochen wichtig, *bestimmte* Formen aufzugreifen. Hier wiederholt sich in gewisser Weise das Phänomen, das wir beim Meditativen Tanz beschrieben. Diesmal sind es nicht der Kreis des Tanzes und eine bestimmte Tanzwegornamentik, sondern eben Gebärden, die angeblich seit alters her und universell mit gleicher Bedeutung belegt sein sollen. Nicht zufällig spricht Anselm Grün vom „archetypischen Charakter" der nach Dürkheim „reinen" Gebärden[36], womit er meines Erachtens nicht unbedingt hilfreich in Anlehnung an die fragwürdige Archetypenlehre von Carl Gustav Jung suggeriert, es gäbe vielleicht genetisch oder ähnlich zeitlos festgelegte Gebärden und deren Bedeutung. Allerdings vermittelt die Lektüre seiner Beschreibung der einzelnen Gebetsgebärden doch ein nicht völliges Festgelegtsein. Auch die große Untersuchung des Missionsforschers Thomas Ohm zeigt, daß es zwar Ähnlichkeiten zwischen den Gebetsgebärden der Völker oder der Konfessionen gibt, aber eine Synonymität keinesfalls belegt werden kann.[37] Dabei darf außerdem nicht vergessen werden, daß die Vorstellungen von dem, was „Gebet", „Anbetung", „Gottesdienst" und „Reli-

---

[36] Grün/Reepen 1988, 20.
[37] Ohm 1948.

gion" überhaupt meinen, bei den verschiedenen Kulturkreisen nicht identisch und damit nur sehr bedingt vergleichbar sind.[38] Aus unserer Erfahrung heraus können wir nur vielleicht etwas lapidar feststellen, daß die Menschen, auch die anderer Völker und Kulturen, in bezug auf ihren Leib und ihre Gliedmaßen – weil es eben alles Menschen sind – häufig ein ähnliches *psychisches Empfinden* haben und darum bei gleicher leiblicher Beschaffenheit zu ähnlichen Gebärden des Gebetes kommen. Unterschiede haben ihren Grund dann jedoch nicht nur in rassischen Bedingtheiten, sondern auch in den religiösen Inhalten und deren symbolischen Bearbeitungen. Darum haben diese Unterschiede ihre unbestreitbare Rechtfertigung. Das Problem besteht weniger darin, daß die Bedeutung der Gebetsgebärden unbekannt ist, sondern vielmehr darin, daß eine Praxis bewußter leiblicher Ausdrucksweisen im Gebet den meisten ganz fremd ist. Insofern halten wir sehr viel von einer Übung des Erspürens und Einspürens in solche Formen mit aller persönlicher Freiheit. Erst in einem zweiten Schritt sollten bestimmte Erfahrungen und symbolhafte Aussagen anderer einmal nachzuvollziehen versucht werden. Wir stimmen aber Grün in gewisser Hinsicht zu, daß rein subjektiv gewählte Gebärden nur eine reduzierte (Selbst)-Erfahrung zur Folge haben.[39] So machten wir beispielsweise bei jungen Priestern die Erfahrung, daß sie die Gebärde der Orante während der sogenannten priesterlichen Amtsgebete nur als Gebärde des empfangenden Bittens empfanden und auch so leiblich gestalteten. Der Aspekt der *Anbetung* bei den Amtsgebeten war ihnen überhaupt nicht bewußt. Darum hat eine eingehende Beschäftigung mit derartigen Deutungen der Gebärden durchaus ihre Berechtigung. Sie erfährt jedoch ihre Grenze, wenn bestimmte Gebärden ein ganz anderes Empfinden als das beabsichtigte und vor allen Dingen Unbehagen auslösen. Auch leibliche Vorerfahrungen können nachhaltige Wirkungen zeigen.

In bezug auf die Gebetsgebärden im einzelnen wollen wir hier bewußt auf eine Aufzählung verzichten.[40] Einerseits ist ihre Anzahl und Art nicht

---

[38] Colpe 1990, 79f.
[39] Grün/Reepen 1988, 11f.
[40] Die von Sequeira (1987) immer wieder betonte Notwendigkeit einer Methodik liturgischer Bewegung mit einer präzisen Klassifizierung können wir deswegen nicht sehen, weil das Problem nicht in der Systematik, sondern in der mangelnden Praxis liegt. Zudem wirkt

begrenzbar, andererseits bedürfte es einer umfassenden eigenen Darlegung dazu, denn mit jeder Gebärde verbinden sich noch einmal eine Fülle von Erfahrungen. Vor allem aber kommt es nicht auf die „richtige" Gebärde an, auch nicht darauf, daß wir eine definierte Gebärde richtig ausführen, sondern daß es zu einer wirklichen Begegnung mit Gott kommen kann. Das bedeutet, sich mit seinem Beten in eine Gebärde ganz hineinzugeben und gesammelt dazusein, um sich so der Gegenwart Gottes zu öffnen. Oft sagt ein solches Beten mehr als Worte, zumal Gott nicht unsere Mitteilung, sondern unsere sich ihm anvertrauenden Herzen sucht.

b) Anbetung – Tanz-Raum vor Gott

Bei der Wesensverwandtschaft von Spiritualität und Tanz hatten wir davon gesprochen, daß es im Tanz möglich ist, die Erfahrung von Freiheit und So-sein-Dürfen zu machen und wahrzunehmen. Indem die oder der Tanzende im freien Raum vor Gott all das äußern kann, was sie oder ihn „bewegt", wird die Rede von der bedingungslosen göttlichen Bejahung des Menschen spür- und erlebbar. Darum halten wir das für eine ganz wesentliche Glaubenserfahrung, eine, die helfen kann, das Grunddatum unseres Menschseins existentiell zu realisieren.

Wir sollten uns vergegenwärtigen, daß wir mit einem solchen Tun im Grunde nur antworten auf das Ersthandeln Gottes. Diesen Antwortcharakter gilt es noch etwas mehr in den Blick zu nehmen: Eine Antwort ist nie auf sich selbst bezogen, sondern immer auf den, der zuerst gehandelt oder gesprochen hat. Das ist sie auch dann, wenn sie gar keine Informationen vermitteln will und somit keine praktische Funktion hat. Wenigstens will sie dann teilhaben lassen an der eigenen Befindlichkeit, an Freude, an Trauer, an der gemachten Erfahrung usw.

Bezogen auf unser betendes Tanzen bedeutet das, die Nähe Gottes aufzusuchen und als Tanz vor seinem – wie die Bibel es nennt – „Angesicht" zu verstehen. Bewußt wählen wir hierfür den Begriff der *Anbetung*,

solche Klassifizierung wie die von Reifenberg (122–131) oder ausgefeilte Systematisierung wie bei Sequeira (1987, 29–38) eher kontraproduktiv, weil sie nicht einen geistlichen Vollzug, sondern den liturgischen Ordnungsgedanken im Blick haben. Besser, weil motivierend, dagegen Grün.

geht es doch hier um ein Beten ohne Worte und Bitten. Ein solches betendes Tanzen, das nur die Nähe Gottes sucht, um darin das zu empfangen und wahrzunehmen, was Gott zuinnerst zugesagt hat, ist stilles (wortloses) und höchstes Lob, ist größter Dank, Verehrung, ist echte Anbetung. Wenn dieses tanzende Da- und Freisein vor Gott auch seine mitgeteilte Liebe und Nähe sucht, begegnet der sich verschenkende Gott in der sakramentalen Gegenwart Christi.

Freilich ist Anbetung auch ohne den eucharistischen Bezug möglich, egal wo und wie, denn Gott kann überall verehrt werden. Nach dem, was wir über das persönliche Gebet ausführten, mag es vielleicht auch Möglichkeiten geben, in der persönlichen Lebenssphäre zu Hause so zu tanzen. Allerdings haben wir die Erfahrung gemacht, daß die eucharistische Gegenwart Christi als die stärkste Begegnung mit dem liebenden und sich schenkenden Gott erfahren wurde. Eine Weise des betenden Tanzens mit dem Bezug auf die Eucharistie ist die, nach dem gemeinsamen Mahl die innere Bewegung gemeinsam in einem freien Tanzen zum Ausdruck zu bringen. Eine andere Möglichkeit ist die, vor der ausgestellten Monstranz oder dem Ziborium im Rahmen einer eigenen Gebetszeit zu tanzen. Bei letzterer ist mehr individuelle Freiheit möglich, mal zu ruhen und mal zu tanzen, weil dazu zum Beispiel eine eigene Stunde der Anbetung viel Zeit bietet. Für ein solches Tanzen im Freiraum vor Gott kann am besten auch ein freies, improvisierendes Musizieren zum Beispiel auf der Orgel dienen, das sich im gleichen Sinne wie das Tanzen versteht. – Ein solches Tun mag heute noch nach dem begrenzten Erleben und einem mangelnden Vorstellungsvermögen der meisten Gläubigen sehr gewöhnungsbedürftig erscheinen, weil bei vielen geistlich die innere Freiheit, die der Glauben ermöglicht, nicht erfahren wurde.

Weil aber dieses anbetende Tanzen gerade die Erfahrung und den Ausdruck der inneren Freiheit ermöglichen sollte, war damit ein freies, unchoreographiertes und individuelles Tanzen gemeint. Natürlich läßt sich auch zum Beispiel im Kreis um das Allerheiligste tanzen, auch nur ruhigen Schrittes und sehr bedächtig. Hier hat dann der Kreis eine sehr konkrete Mitte, nicht als Zentrum eines „Ursymbols Kreis", sondern in dem in der Passion Jesu Christi gestifteten Sakrament der Gegenwart Gottes, des Lebens und der Liebe. Es läßt sich aber auch mit der Monstranz tanzen. So wie David und die Israeliten vor der Bundeslade tanzten oder – uns viel näher – wie hierzulande an Fronleichnam die Menschen das Allerheiligste begleiten, so können wir auch in Form eines gemäßigten Schreittanzes eine Prozession bilden und durch die Kirche oder die Kapelle ziehen.

Die Verehrung unseres menschenfreundlichen Gottes muß nicht bedeuten, niederzusinken und zu verharren, sondern kann ebensogut oder noch besser zu einer Freiheit der Bewegung führen. In der Anbetung Gottes findet der Mensch den inneren Raum, in dem er in der intensivsten Weise seines Sich-leiblichen-Äußerns, dem Tanzen, sich Gott bringen und nähern darf.

c) Die Liturgie als Ort gemeindlichen Tanzens

Wir haben bereits über die Bedeutung des Tanzes für die Gestaltung von Feiern nachgedacht und dabei festgestellt, daß der Tanz darin sein Wesen wiederfindet und darum dort seinen Platz hat.

Eine gottesdienstliche Feier nennen wir aber Liturgie. Die Liturgie ist insofern Feier, als sie uns – als Höhepunkt eines Tages oder einer Woche – herausholt aus dem Alltäglichen in das Besondere, in das Ausdrückliche, und uns hineinholt in die Begegnung mit dem Höchsten. Die Liturgie ist Fest, Würdigung und Deutung des Lebens vor Gott, indem sie das Leben einerseits mit seinen Erfahrungen symbolisch verdichtet, andererseits im Licht der Verkündigung und des Glaubens interpretiert.

In unserer Reflexion über die Feier hatten wir gesagt, daß sie in ihrer Gestaltung von ihrem Wesen her nach Formen des Besonderen und des Gesteigerten verlangt. Dem entspricht im Vergleich zu anderen Ausdrucksweisen gerade der Tanz, ist er doch der stärkste leibliche Ausdruck, sozusagen der Superlativ an Bewegung und Ganzheit. Wenn so der Tanz grundsätzlich in der Feier seine spezifische Dimension findet, gilt das natürlich auch für die gottesdienstliche Feier, die Liturgie. Diese anthropologische Folgerung wäre im Rahmen einer anthropologisch gewendeten Theologie schon allein legitim und ausreichend, um den Tanz in der Liturgie als Desiderat zu benennen. Doch das inkarnatorische Wesen des christlichen Glaubens stellt dieses Desiderat eigentlich und substantiell auf eine theologische Grundlage:

Denn insofern sich alle Liturgie letztlich auf das Pascha-Mysterium von

Leben, Sterben, Tod und Auferstehung Christi bezieht, gründet die Liturgie auf der Mensch- und Fleischwerdung Christi, ohne die dieser Hindurchgang Christi nicht möglich gewesen wäre. Auf diese grundsätzliche Leibhaftigkeit der Erlösung ist die Liturgie also zwingend verwiesen, und darum ist es ihr Auftrag, ein ganzheitlicher Raum der Begegnung mit Gott zu sein, in der diese Leibhaftigkeit von Erlösung erfahrbar und erlebbar wird. Beschränkt sich Liturgie konzeptionell nur auf das Wort oder auf Wort und Musik, wird sie ihrem eigenen Wesen nicht gerecht. Denn wo sonst soll Leibhaftigkeit und Leiblichkeit gläubig gefeiert und als Weg der Erlösung gedeutet werden, wenn nicht in der Vergegenwärtigung der Inkarnation Christi, sprich: in der Liturgie?

Allerdings gelangen wir in der Liturgie ja nicht gleich und ausschließlich auf die Hochform der Bewegung, also den Tanz. Zunächst begegnet uns hier Gott sei Dank bereits ein gewisses Maß an Gebärden und Haltungen, an die es zunächst nicht nur aus pastoralen oder pädagogischen Gründen, sondern aus theologischen anzuknüpfen gilt. Schließlich haben die Gebärden ja einen Sinn, den es in unserem Bemühen zunächst einmal zu realisieren gilt. Die ausführliche liturgietheologische Herleitung bewußt abkürzend, sei hier darauf hingewiesen, daß absolut alles für eine Ausweitung der präsidialen (meist priesterlichen) Gebärden auf alle Mitfeiernden spricht. In seinem Liturgieverständnis geht das II. Vaticanum von der *gemeinsamen* Trägerschaft der Feier durch Gemeinde *und* Vorsteher aus, was auch für die einzelnen Teile der Liturgie gilt. Deswegen betet nicht der Vorsteher für die Gemeinde, sondern er *spricht* in ihrer Stellvertretung das gemeinsame Gebet der Versammlung. Von daher wäre es nur konsequent, wenn sich die Gemeinde auch in den Gebärden an den präsidial gesprochenen Gebeten beteiligte. Um wieviel mehr könnte die vielleicht bislang nur weitgehend theologisch gedachte und gewünschte tätige Teilnahme für alle Beteiligten erfahrbar und spürbar werden!

Gebärden haben zudem den Vorteil, die leibliche Beteiligung abzustufen. Nicht jede und jeder ist körperlich zu mehr fähig, und ebensowenig ist man immer zum Tanzen disponiert. Da sind die Gebärden ein erster Schritt; weitere Schritte – und dies buchstäblich – sind durch kleinere Prozessionen im Gottesdienst (zum Beispiel Einzugs-, Evangeliar- und Gabenprozession) möglich, die sich wiederum einfach nur gehen oder als Schreittanz ausgestalten lassen. Bis hierher wird man in den Gemeinden und bei den für die Liturgie Verantwortlichen wohl noch nicht auf größeren Widerstand stoßen, weil das weitgehend im bisher üblichen Rahmen bzw. in dem des römischen Meßbuches verbleibt. Allerdings wollen wir keinen Zweifel daran lassen, daß es um richtiges Tanzen im Gottesdienst geht – und das nicht erst als allerletzte Stufe irgendwann in ganz ferner Zukunft. Man kann sich und andere schnell aus der Beziehung zur eigenen Leiblichkeit stehlen mit dem Argument, es könnten ja nicht alle alles mitmachen. (Die Unmusikalischen und Stimmbrüchigen sind auch kein Argument dafür, Lieder in der Liturgie zu streichen!)

Im Grunde ist das jedoch alles nicht so dramatisch. Ein Schreittanz als Prozession etwa läßt sich nicht nur vom Schrittmuster stark vereinfachen, sondern garantiert fast schon die Würde dieses Aktes. Überhaupt läßt sich viel mit wiederkehrenden, einfachen Schrittmustern gestalten, wenn es nur nicht so schnell geht und auch ein Fehler nicht gleich ganz aus dem Rennen wirft.

Schwierigeres können Gruppen übernehmen, die sich darauf vorbereitet haben. Analog zum Kirchenchor mag es eine feste Gruppe in einer Gemeinde geben, die von Zeit zu Zeit mit einem tänzerischen Akt zur Liturgiegestaltung beiträgt. Hier braucht man aber auch ähnliche Arbeits- und Probezeiten wie ein Chor. Etwa anstelle der Homilie oder als deren Ergänzung kann eine Gruppe eine biblische Szene, ein emotionales Moment daraus, einen Transfer ins Alltägliche usw. in der Weise eines Ausdruckstanzes einüben. Aber auch andere Gruppen in der Gemeinde können ihr kleines Repertoire haben, aus dem sie in ausgestalterischer Absicht gelegentlich etwas vortanzen: Mal ein Tanz der Kinder, mal der Erwachsenen, mal der Senioren – sofern dieser Tanz überhaupt und an dieser Stelle in die Liturgie paßt und einen Sinn macht.

Damit haben wir bereits die drei Grundtypen möglichen Tanzens in der Liturgie angeführt: 1. Das funktionsbezogene Tanzen des Herbeibringens bzw. der Wege; ein prozessionsmäßiges Tanzen; 2. der Tanz als Weise der Verkündigung, was viel an innerer und äußerer Abstimmung verlangt, aber im Ausdruck sehr frei arbeiten läßt; und 3. schließlich die Tänze, die durch ihre Schönheit und ihren Charakter die Atmosphäre der Feier gestalten und bereichern wollen. Bei allen diesen Varianten muß sich einerseits das Tanzen in den liturgischen Kontext einfügen (deswegen erheben wir mit großem Nachdruck die Forderung nach der Verwendung von Live-Musik), aber andererseits wird hier auch deutlich, wie sehr der Tanz die Feier gestalten und gelingen lassen kann. Eine Gruppe oder vielleicht sogar alle tragen durch ihr Engagement, das sie tatsächlich sich bewegen und handeln läßt, zur gemeinsamen Feier und dem Fest bei und erfahren eine ganz andere Weise des Miteinanders, als das bei einem Gottesdienst, der von einer Person „gehalten" wird, der Fall ist.

Nicht jeder und jedem ist es gegeben, Tänze choreographisch zu gestalten, das muß auch nicht sein, denn zum Beispiel auch nicht jeder Kirchenmusiker ist ein Komponist. Man darf auch gerne etwas einstudieren, was sich andere ausgedacht haben. Dabei ist es keine Frage, daß geeignete Tänze für die Liturgie noch nicht in dieser Auswahl vorliegen, wie etwa in der Kirchenmusik mit ihrer jahrhundertealten großen Tradition. Bislang sind erstaunlich wenig Tänze für Kirche und Liturgie veröffentlicht worden, und das liturgische Tanzen leidet nach wie vor stark unter dem Einfluß des Meditativen Tanzens, von dem häufig (Folklore-)Tänze in den Gottesdienst übertragen werden. Aber wenn in den nächsten Jahren an gottesdienstlichen Tänzen derart weitergearbeitet wird, wie dies augenblicklich der Fall ist, wird dieses Defizit bald überwunden sein.

d) Einfachheit und Einübung

In unserer Erfahrung der letzten Jahre beobachten wir eine inzwischen ausgeprägte Erwartung, im Bereich des Meditativen Tanzens in einem bestimmten Ambiente beeindruckende Schrittfolgen oder Choreographien zu erlernen. Insbesondere in der Verbindung mit getragenen und ergreifenden Musikstücken der klassischen Musik und aus aller Welt und in der Fixierung auf den Kreis mit einer besonders gestalteten Mitte stellen sich dabei Gefühle eines besonderen Momentes von Feierlichkeit, Erhabenheit und Gebet ein. Hier sei an das erinnert, was wir oben zum Meditativen Tanzen ausführten. Einmal abgesehen von dem inhaltlichen Überbau, zu dem wir unsere Bedenken bereits dargelegt haben, muß man sehen, ob nicht durch die Fixierung auf dieser sehr gefühlsbetonten Ebene eine Abhängigkeit entsteht, die geistlich blockierend wirkt. Spirituelles Tanzen kann, nein wird auch sehr wohl anders aussehen. Etwa in der Liturgie des Stundengebetes, in kleineren liturgischen Feiern und in

Zusammenkünften des Gebetes kann nur die Einfachheit der Formen der Weg sein, der im tanzenden Beten zu Tiefe und Dichte führt. Hier sei erinnert an die liturgische Gestaltung mancher Orden, zum Beispiel in der benediktinischen Tradition, wo es meistens beeindruckend gelingt, Einfachheit (Strenge in den Formen) mit Feierlichkeit zu verbinden, so daß dies kein Gegensatz sein muß.

Einfachheit und Reduktion gelten aber auch für das Beten, für Gebärden und für den Bereich der Bewegungslieder. Es gibt eine Reihe von Veröffentlichungen mit Liedern, die gebärdenmäßig illustriert werden.[41] Jede Aussage oder z.T. noch extremer nahezu jeder genannte Gegenstand des Liedtextes wird leiblich dargestellt. Eine häufige Variante dazu sind gebärdenmäßige Gestaltungen des Vaterunsers, bei denen man mit dem doxologischen Abschluß leicht auf 15 verschiedene Gebärden in diesem einen Gebet kommt![42] Sowohl bei den Liedern als auch hier muß die Frage gestattet sein, wem das dienen soll und ob man wirklich so beten kann. Gemüt und Bewußtsein lassen sich unmöglich in so kurzer Zeit auf so viele Dinge einstimmen, wenn es zu einer tiefergehenden Anteilnahme beim leiblichen Nachvollzug kommen soll. Das ist ganz ausgeschlossen. Entweder man nimmt sich für ein solches Vaterunser sehr viel Zeit, um abschnittweise die einzelnen Aussagen nachzuempfinden (was sich bei einem Lied wegen des Fortlaufes des Gesangs ausschließt), oder man reduziert das ganze Gebet auf eine oder zwei Gebärden. Spricht man das Vaterunser alltäglich im persönlichen Gebet oder in der Liturgie „am Stück", was ja nicht heißt, daß man es herunterleiert, sondern das Gebet als Ganzes versteht und betet, so ist dazu lediglich eine einzige Gebärde oder Gebetshaltung auch stimmig. Sie ist das Spiegelbild der inneren Ausrichtung auf Gott hin und in der Weise, was dieses Gebet als solches persönlich für die einzelne oder den einzelnen symbolisiert. Entsprechendes gilt für das Magnificat, das Benedictus usw. – Im Zusammenhang mit dem Vaterunser ist die Forderung nach einer *Gebärdensprache* geäußert worden. Abgesehen davon, daß die Sprache der Kommunikation und dem

41 Vgl. z.B. Berger 1985a; Schneider 1986 u. 1990.
42 Die Vorschläge sind unvergleichlich reichlich: Vgl. z.B. Sequeira 1977, 117–168 u. Bildteil; ders. 1978, 292–296 u. Bildteil; Lander 1983, 169–176; Berger 1985a, 53–55; dies. 1985b, 82–84; Schneider 1986, 85–87, Gerhards 1987, 89–90; M.-G. Wosien 1988, 119–121; dies. 1990, 53–55; Soltmann 1989, 80–83.

Dialog dienen will und sich der „Dialog" des Gebetes doch ganz anders als der des Alltags gestaltet, stellt sich die Frage, was denn die begleitenden Gebärden wem mitteilen wollen. Anders als bei der Gehörlosen-Sprache, bei der das Gesprochene übersetzt werden *muß*, ist beim Gebet eine informative Mitteilung gar nicht beabsichtigt, sondern die oder der Betende teilt *sich* Gott selbst mit. Deswegen ist es notwendig, die Gebärden in ihrer Symbolik so weit zu reduzieren, daß man *sich* in seinem Da- und Sosein und nicht etwas wirklich ausdrückt.

Eine Einfachheit der Formen und Schrittmuster hat außerdem den Vorteil, daß sich möglichst viele beteiligen können, da die Bewegungen schneller zu beherrschen sind. Bei der Bewegung werden wohl nie alle mittun können, schon aus körperlichen Gründen. Aber doch für viele oder eben fast allen soll das möglich werden, weshalb die zu erlernenden Schritte weitgehend einfach zu gestalten sind.

Wenn man mit dem Tanz in den öffentlichen liturgischen Feiern Ernst macht, gerät man unweigerlich an den Punkt, an dem es nicht mehr möglich ist, die Liturgie als Privatangelegenheit zu feiern, was hierzulande noch mehr die Regel als die Ausnahme zu sein scheint. Sich einfach in die Kirche zu setzen und je nach persönlichem Interesse mehr oder weniger Anteil zu nehmen an dem, was vorne vorgemacht oder -gelesen wird, ist nicht zu vereinbaren mit dem Liturgieverständnis der Kirche. Denn das sieht *alle* Mitfeiernden als Beteiligte und *Handelnde* an (selbst wenn die Handlungs- und Beteiligungsmöglichkeiten zugegebenermaßen heute oft immer noch minimal bleiben). Die vollzogene leibliche Beteiligung bei Gebärden, Prozessionen und leichtem Tanz stellt eine erhebliche Steigerung der aktiven Teilnahme dar. In der Konsequenz dessen sollte man sich am besten bald an die heute vielleicht noch etwas befremdlich anmutende Vorstellung gewöhnen, daß eine Gemeinde künftig nicht nur über ein jederzeit aktivierbares Repertoire an Liedern und Gebeten verfügt, sondern auch über eine Reihe von bestimmten Schrittmustern zu gleichbleibender musikalischer Begleitung. Zwar weniger als früher, aber noch immer lernen Kinder heute in der Katechese Gebete und Lieder, um sie in der Gemeinde zu praktizieren. Das ist normal. Noch weit weniger bemerkenswert finden wir die Tatsache, daß ganze Jahrgänge Jugendlicher das gesellschaftliche Tanzen lernen – von den Eltern u.a. deswegen unterstützt, weil gewisse Tanzkenntnisse gesellschaftlich bei Festivitäten vorausgesetzt werden. Wäre es von daher wirklich vermessen, einfache Muster wie Geh-, Wiege- oder Kreuzschritte als liturgische Bildung allgemein zu erbitten? Wäre es wirklich ungebührlich, in hoffentlich nicht allzugroßer Ferne eine gewisse liturgische Bewegungs-Bildung vorauszusetzen, so wie wir auch Lieder als bekannt voraussetzen, wenn der Liedanzeiger aufleuchtet und die Orgel ertönt? Über die Tatsache des Gesangs, über die Gewohnheiten beim Stehen, Knien und Sitzen ist nie diskutiert und keiner befragt worden, das ist alles ganz selbstverständlich – warum eigentlich nicht auch bei den Gebärden und einfachen Tänzen?

Hier muß man sich endgültig von dem Gedanken lösen, Liturgie als Gläubige in der Kirchenbank mitzufeiern koste keinen Einsatz. Es ist so lange Zeit nach dem II. Vatikanischen Konzil mehr als überfällig, liturgische Bildung auch für Erwachsene zu betreiben und „tätige Teilnahme" nicht nur auf Singen, Sprechen und Akklamationen zu reduzieren. Denn es liegt auf der Hand, daß bei der bisherigen Weise der Beteiligung und Vorbereitung die normalen Gläubigen kaum ein Empfinden dafür bekommen konnten, liturgisch Handelnde zu sein. Das hängt nämlich wesentlich von der Vorbereitung der Liturgie ab, die bis zum heutigen Tag den meisten Gemeinden gänzlich abgenommen wird. Der Gottesdienst am Sonntag „riecht" noch immer etwas nach einer Veranstaltung „von oben", die man in Erfüllung seiner Pflicht zu besuchen hat. Daß er Teil einer lebendigen und aktiven Gemeindespiritualität sein soll, ist nur selten erkennbar.

4. Ausblick

Die Zeiten, in denen man sich ein geistlich empfehlenswertes Tanzen nur für Engel und Selige vorstellen konnte, sind wohl vorbei. Eingangs stellten wir einen breiten Aufbruch eines sakral verstandenen Tanzens fest, der bereits viele, viele Menschen auf irgendeine Weise berührt hat. Ob diese Bemühungen auch bleibend etwas verändern werden, ist eine andere Frage. Zunächst ist wichtig, daß es heute nicht mehr viele sind, mit denen man noch über das „Daß" eines spirituellen Tanzens streiten muß. Entweder hat man es schon einmal konkret erlebt, oder man kann es sich wenigstens vorstellen. Meistens begegnet man einer großen Hilflosigkeit, die sich ein solches Tun nicht für sich selbst vorstellen kann und die der Grund ist, Tanzen in Meditation und Liturgie zwar prinzipiell zu bejahen, aber für sich persönlich auszuschließen. In dieser Weise unsicher oder etwas hilflos zu sein, ist nichts Schlechtes. Aber dann ist zu schauen, wie man mit seiner Distanz zum Tanz und zur praktizierten Leiblichkeit im geistlichen Leben umgeht, ob daraus Abwehr oder Offenheit erwächst, ob man bei sich und bei anderen Erweiterungen zuläßt oder verhindert.

Eine andere Frage ist die, ob das, was in den Spezies sakralen Tanzens hierzulande geboten wird, wirklich überzeugend ist. Oft genug liest man zwar von Titeln wie zum Beispiel „Tanzmeisterin" und „Expertin für Sacred Dance", von „Sacred Dance-Lehrerin", zu denen man sich vorgeblich ausbilden lassen kann. Einem solchen Sprachgebrauch darf man jedoch zu Recht mit Skepsis begegnen, die Zeit der *Meisterschaft* ist im Bereich des sakralen Tanzens doch noch nicht gekommen. Es gibt allerdings gute Ansätze, die zu verfolgen sich sicher lohnt. Diese nüchterne Feststellung formulieren wir vor dem Hintergrund der Tatsache, daß bislang im sakralen Tanz entschieden zuwenig die Qualität gefragt und geprüft worden ist. Bislang war wohl die Sehnsucht nach einem solchen Tun so groß, daß auch viele Unstimmigkeiten in Kauf genommen wurden. Aber das kann sich ja allmählich ändern. – Zweifellos sind zahlreiche Frauen und manche Männer vom sakralen Tanzen begeistert. Aber das liegt nicht nur an den Tänzen, sondern auch stark am Ambiente und an der Atmosphäre. Gerade deswegen darf, ja sollte man einmal nachfragen, was denn ein solches Tanzen geistlich bewirkt und verändert. Daß es der inneren Gesundheit guttut, ist keine Frage und darf ruhig laut gesagt werden. Aber wenn das göttliche Gegenüber derart im Diffusen verschwimmt, wie wir gesehen haben, dann fällt es uns schwer, hier eine Hinführung zum Gebet oder sogar das Gebet als solches zu erkennen. Selbst wenn man von der „Christlichen Tanzmeditation" spricht und ein meditatives Tanzen entsprechend (d.h. meditierend) versteht, bleibt zu bedenken und zu erspüren, ob denn die in den Tänzen verwendeten Symbole weiterhin geeignet sind. Geht man nämlich ratsamerweise nicht von der Jungschen Archetypen-Hypothese aus, sondern entweder von der christlichen Tradition bzw. läßt die Symboldeutung individuell offen, so werden das Meditieren, die Tänze und Gebärden anders ausfallen. Praktisch könnte das heißen, zum Beispiel die Zuordnung zum Kreuz wichtiger zu nehmen als zur „gestalteten Mitte" oder als Ausdruck der Verehrung vor der Verkündigung die Hl. Schrift zu umtanzen usw. Aber mehr als diesen äußeren Dingen ist den inneren Folgen einer solchen anderen Orientierung nachzuspüren: *Wer* ist unsere Mitte? *Wem* dient mein Tanzen? Welche der Weisheiten Jesu will ich meditieren?

Unverzichtbar erscheint bei der Qualifizierung des sakralen Tanzens der Austausch mit den geistlich Erfahrenen. Welche Erfahrungen werden zum Beispiel die Kontemplativen in den Klöstern mit einer solchen Tanzmeditation machen (vgl. den Beitrag von Sr. Emmanuela Kohlhaas)? Welche Formen und Gebräuche werden sie entwickeln? Werden sie sich überhaupt darauf einlassen können? Das sind uns buchstäblich bewegende Fragen.

Ein anderes Problem beim sakralen Tanz ist das starke Ausbleiben der Männer (und die damit verbundene Dominanz der Frauen). Hat dieser unbefriedigende Umstand seinen Grund in der Art des meditativen Tanzens (weil weich und gefühlsbetont), oder ist Tanzen vielleicht weitgehend nur ein spiritueller Zugang für Frauen, weil Frauen sich eher auf diese Dimension einlassen können und wollen?

Das alles sind Fragen, die der Vertiefung und der Erprobung durch viele andere bedürfen. In unserem Reden von Tanz als Glaubens- oder Gotteserfahrung sind wir alle noch ziemlich am Anfang und sind angewiesen auf das Gespür und die Reflexion anderer Beterinnen und Beter, die sich darauf einlassen.

Beim liturgischen Tanzen, wo es zusätzlich um formales Können geht, steht die Zeit der Meisterschaft ebenfalls noch aus. Hier bedarf es nicht nur kundiger Begleitung (durch „Saltorinnen" und „Saltoren" – in Analogie zu Kantorinnen/Kantoren) und der Erarbeitung weiterer choreographischer Modelle, von denen einige vielleicht einmal als Klassiker gelten werden. Es ist auch noch ein sehr langer Weg zurückzulegen zum Erreichen einer „ars celebrandi" der Gemeinden, einer Kunst, Gottesdienst zu feiern, in der auch der Tanz seinen Platz findet.

Der akademischen Theologie wie der pastoralen theologischen Reflexion darf man wünschen und raten, sich des Inkarnatorischen des christlichen Glaubens zutiefst gewahr zu werden und die Frage der Leiblichkeit nicht länger nur mit Bezug auf die Auferstehung der Toten zu diskutieren.[43] Weil Inkarnation genau das Gegenteil von Abstraktion ist, garantiert sie den Bezug auf den konkreten Menschen.

Ohne Zweifel ist es ein Fortschritt gewesen, daß die „Genitiv-Theologien" (ungerechte) Strukturen menschlichen Lebens in den Blick nahmen und anklagten. Aber eine anthropologisch verstandene Theologie bleibt auf halbem Wege stehen, wenn sie nur die mittelbaren Strukturen, nicht aber die unmittelbare Leiblichkeit der Menschen in den Blick nimmt. Die Aufgabe der Theologie ist noch so lange nicht gelöst, wie die Moraltheologie die Leiblichkeit für sich als ihr Thema beansprucht, denn Leiblichkeit ist kein theologischer Teilaspekt, sondern eine grundsätzliche Frage.

Das alles wird noch dauern, „elendig lange" und oft genug frustrierend! Aber das ist eben so! Man müßte sich einmal die Entwicklung der Kirchenmusik anschauen, um zu sehen, wie langsam dort die Formfindung und Kunstbildung vor sich ging. Das waren Jahrhunderte, in denen es manche auch deshalb zur Meisterschaft brachten, weil der Markt der Möglichkeiten noch nicht so bunt gefüllt war und man sich leicht auf Weniges konzentrieren konnte (oder mußte).

Die kirchliche Situation hat sich inzwischen sehr gewandelt. Zwar ist das Klima liberaler geworden, aber dafür ist der christliche Glaube nur noch eine Möglichkeit unter vielen, aus denen man sich etwas heraussuchen kann. Allgemein wie konkret beim sakralen Tanzen ist es nicht leicht, die Spreu vom Weizen zu trennen, da das Kriterium der Qualität sicher nicht das vorherrschende ist. So ganz einfach wird also der Weg zur Blüte eines geistlichen Tanzens nicht werden. Aber immerhin: Selbst nach den wenigen Jahren, seitdem man sich um sakralen Tanz intensiv bemüht, läßt sich beobachten, daß es schon einen wesentlichen Fortschritt gibt: Nicht mehr die amtliche Institution und die Amtsträger der Kirchen sind das eigentliche Problem bei der Entwicklung des Tanzes in der Kirche.[44]

[43] Wenn auch insgesamt sehr beeindruckend, doch leider noch typisch verengt, z.B. Greshake 1992, insbesondere 361ff; geradezu bedrückend abstrakt aaO. 364f: „Wenn Gott ‚Fleisch' wird und damit das ‚Fleisch' unter der Verheißung Gottes steht, dann ist der ganze durch gleichbleibende Strukturen ausgezeichnete uund darum verläßliche Kosmos ‚revolutioniert', dann kommt eine Unruhe in die Welt; ... Diese neue Sicht wirkt sich dann auch in allen Bereichen des Menschseins umgestaltend, motivierend, stimulierend aus."
[44] Ein bemerkenswertes Beispiel ist der 1993 auf Initiative des Deutschen Liturgischen Institutes mit der Zustimmung der Liturgiekommission der Deutschen Bischofskonferenz errichtete Arbeitskreis Bewegung und Liturgie. Vermutlich erstmalig in der deutschen Kirchengeschichte arbeiten in dieser offiziösen Kommission Fachleute aus Wissenschaft und Praxis an der Entwicklung und Pflege der Bewegungsdimension in der Liturgie. – Wenn hier die Kirchenamtlichkeit nicht mehr als das eigentliche Problem bezeichnet wird, dann heißt das nicht, daß es nicht trotzdem Probleme damit gäbe.

Schwierig ist es in den Gemeinden, wo sich bei vielen die Kirchlichkeit deutlich verringert hat und andererseits bei den Engagierten keinerlei Kapazitäten mehr frei sind. Vor allem sind zur Zeit scheinbar ganz andere Themen wichtig als das sakrale Tanzen, zum Beispiel die Problematik priesterloser Gottesdienste und Gemeinden. Man darf jedoch seine Zweifel haben, ob diese Strukturen-Diskussionen letztlich viel mehr helfen, als den Mangel zu verwalten. Im Grunde ist doch nicht entscheidend, wie viele Messen eine Gemeinde erhält, sondern was darin passiert. Damit kehren wir zum Ausgangspunkt von Josef Sudbrack zurück: Wichtig ist, ob in der Gemeinde jemand leidet oder trauert und dann Klage nicht nur gedacht, sondern als leiblicher Ausdruck sein, sich lösen und befreit in Tanz münden darf, ob Befreiung und „Leben in Fülle" etwa im Tanz tatsächlich erlebt und erfahren werden darf – wenigstens anfanghaft hier in unserer irdischen leibhaftigen Existenz und nicht erst im himmlischen Reich.

Denn das ist unser Anliegen und unsere Sehnsucht.

Literaturverzeichnis

Arbeitskreis für Gottesdienst und Kommunikation (Hg.), Liturgische Nacht. Ein Werkbuch, Wuppertal 1974.

Bamberg, Corona, Wer sich dem Anspruch stellt, Würzburg 1977.

Bar, Mechtilde de, Die Tagesordnung für die Benediktinerinnen von der ewigen Anbetung des allerheiligsten Sakramentes, Bonn 1888.

Bäumer, Ulrich, Rock-Musik – Revolution des 20. Jahrhunderts – eine kritische Analyse, Bielefeld [2]1989.

Baumgartner, Jakob, Gefährte des Glaubens – Gespiele der Gnade. Zum Tanz im christlichen Kult, in: Walter, Silja, Tanz vor dem Herrn. Neue Wortgottesdienste mit Beiträgen von Jakob Baumgartner zum Tanz in der christlichen Liturgie, Zürich 1974, 99–163.

Benz, Ernst, Meditation, Musik und Tanz. Über den „Handpsalter". Eine spätmittelalterliche Meditationsform aus dem Rosetum des Mauburnus, Wiesbaden1976.

Berger, Teresa, Tanzt vor dem Herrn, lobt seinen Namen. Einfache Beispiele für Gottesdienste und Feste im Kirchenjahr, Mainz 1985a.

–, Liturgie und Tanz. Anthropologische Aspekte, historische Daten, theologische Perspektiven, St. Ottilien 1985b.

Bertaud, Émilie, Art. Danse Religieuse, Dictionnaire de Spiritualité Bd. III, Paris 1957, 21–37.

Biedermann, Hans, Hexen. Auf den Spuren eines Phänomens, Traditionen, Mythen, Fakten, Graz 1974.

Brown, Peter, Die Keuschheit der Engel. Sexuelle Entsagung, Askese und Körperlichkeit am Anfang des Christentums, München 1991.

Buber, Martin, Die Erzählungen der Chassidim, Zürich 1949.

Bubmann, Peter, Urklang der Zukunft. New Age und Musik, Stuttgart 1988.

Celano, Thomas von, Leben und Wunder des Hl. Franziskus von Assisi. Einführung, Übersetzungen, Anmerkungen P. Engelbert Grau OFM, Werl 1955.

Chardin, Teilhard de, Die Evolution der Keuschheit, in GuL 67 (1994), 244–263.

Cohn, Norman, Das neue irdische Paradies. Revolutionärer Millenarismus und mythischer Anarchismus im mittelalterlichen Europa, rde 472, Reinbek 1988.

Colpe, Carsten, Über das Heilige. Versuch, seiner Verkennung kritisch vorzubeugen, Frankfurt 1990.

Cox, Havery, Das Fest der Narren. Das Gelächter ist der Hoffnung letzte Waffe, Stuttgart/Berlin [4]1972.

–, Verführung des Geistes, Stuttgart 1974.

–, Licht aus Asien. Verheißung und Versuchung östlicher Religiosität, Stuttgart 1978.

Csikszentmihalyi, Mihaly, Das Flow-Erlebnis. Jenseits von Angst und Langeweile: im Tun aufgehen, Stuttgart 1985.

–, Flow. Das Geheimnis des Glücks, Stuttgart 1992.

Dinzelbacher, Peter, Mittelalterliche Frauenmystik, Paderborn 1993.

–, Christliche Mystik im Abendland. Ihre Geschichte von den Anfängen bis zum Ende des Mittelalters, Paderborn 1994.

Drewermann, Eugen, Strukturen des Bösen, Bd. III: Die jahwistische Urgeschichte in philosophischer Sicht, Paderborn [6]1988.

Erbstößer, Martin/Werner, Ernst, Kleriker, Mönche, Ketzer. Das religiöse Leben im Hochmittelalter, Berlin [2]1992.

Escriva, José Maria, Der Weg, Köln 1962.

Flasch, Kurt, Augustinus. Einführung in sein Denken, Stuttgart 1980.

Forster, Karl (Hg.), Religiös ohne Kirche? Eine Herausforderung für Glauben und Kirche, Mainz 1977.

Frankl, Viktor, Der unbewußte Gott. Psychotherapie und Religion, München [8]1991.

Führkötter, Adelgundis (Hg.), Hildegard von Bingen. Briefwechsel, Salzburg 1965.

Führkötter, Adelgundis/Carlearis, Angela (Hg.), Hildegardis Scivias, Pars I u. II, Turnhout 1978.

„Der Geist macht lebendig". Charismatische Gemeinde-Erneuerung in der Katholischen Kirche der Bundesrepublik Deutschland. Eine theologische und pastorale Orientierung. Münsterschwarzach o.J.

Gerhards, Albert, u.a. (Hg.), Hauptgottesdienst: Die Zukunft siegt am Kreuz (Fest Kreuzerhöhung), in: Gerhards, Albert u.a. (Hg.), Feier-Formen. Impulse für Gottesdienstgestaltung, Aachen 1987, 79–94.

Greshake, Gisbert/Lohfink, Gerhard, Naherwartung – Auferstehung – Unsterblichkeit, Freiburg [5]1982.

Greshake, Gisbert/Kremer, Jacob, Resurrectio Mortuorum. Zum theologischen Verständnis der leiblichen Auferstehung, Darmstadt 1992.

Grün, Anselm/Duffner, Meinrad, Gesundheit als geistliche Aufgabe, Münsterschwarzach 1989.

Grün, Anselm/Reepen, Michael, Gebetsgebärden, Münsterschwarzach 1988.

Haas, Alois M., Gottleiden – Gottlieben. Zur volkssprachlichen Mystik im Mittelalter, Frankfurt 1989.

Hammerstein, Reinhold, Die Musik der Engel. Untersuchungen zur Musikanschauung des Mittelalters, Bern 1962.

–, Diabolus in Musica. Studien zur Ikonographie der Musik im Mittelalter, Bern 1974.

Hauck, Albert, Art. Tänzer, in: Realencyklopädie für protestantische Theologie und Kirche, Bd. 19, Leipzig 1907, 308f.

Hengel, Martin, Die johanneische Frage. Ein Lösungsversuch, Tübingen 1993.

Hoffmann, Kaye, Tanz, Trance, Transformation, München 1991.

Horowitz, Jeannine, Les dances cléricales dans les églises au Moyen Âge, Le Moyen Âge, 1989.

Horsch, Margarete, Bewegung und Tanz im Gottesdienst, in: KatBl 112 (1987), 303–306.

Hummel, Reinhart, Reinkarnation. Weltbilder des Reinkarnationsglaubens und das Christentum, Mainz/Stuttgart [2]1989.

Johnston, William, Klang der Stille. Meditation in Medizin und Mystik, Mainz 1978.

Kaiser, Gerd, Totentanz und verkehrte Welt, in: Link, Franz (Hg.), Tanz und Tod in der Kunst und Literatur = Schriften zur Literaturwissenschaft, Bd. 8, Berlin 1993, 93–118.

Knauer, Peter, Ignatius von Loyola. Geistliche Übungen und erläuternde Texte, Graz 1978.

Konermann, Bernward (Hg.), Hildegard von Bingen, Ordo virtutum – Spiel der Kräfte. Das Schau-Spiel vom Tanz der göttlichen Kräfte und der Sehnsucht des Menschen, Augsburg 1991.

Krimm-von Fischer, Catherine, Erziehen mit Musik und Bewegung. Praxisanleitung zur musikalisch-rhythmischen Erziehung, Freiburg 1992.

Kurzschenkel, Winfried, Die theologische Bestimmung der Musik, Trier 1971.

Lander, Hilda-Maria, Tanzen will ich. Bewegung und Tanz in Gruppe und Gottesdienst, München 1983.

– / *Zohner, Maria-Regina*, Meditatives Tanzen, Stuttgart 1987.

–, Trauer und Abschied. Ritual und Tanz für die Arbeit mit Gruppen, Mainz 1992.

Lang, Bernhard, Vorwort, in: Lang, Bernhard (Hg.), Das tanzende Wort. Intellektuelle Rituale im Religionsvergleich, München 1984, 9–14.

–, Das tanzende Wort. Intellektuelle Rituale im Frühjudentum, im Christentum und in östlichen Religionen, in: Lang, Bernhard (Hg.), Das tanzende Wort. Intellektuelle Rituale im Religionsvergleich, München 1984, 15–48.

Langer, Otto, Mystische Erfahrung und spirituelle Theologie. Zu Meister Eckharts Auseinandersetzung mit der Frömmigkeit seiner Zeit, München 1987.

Lebéque, R., Les Ballets des Jésuites, in: Revue des Cours et Conférences 37 (1936), 127–139, 208–222, 321–330.

Lesétre, H., Art. Danse, in: Dictionnaire de la Bible, Bd. II, 2, Paris 1926, 1285–1289.

Lewy, Hans, Sobria ebrietas. Untersuchungen zur Geschichte der antiken Mystik, Gießen 1929.

Lexikon der Sekten, Sondergruppen und Weltanschauungen. Fakten, Hintergründe, Klärungen. Hg. von Gasper, Hans/Müller, Joachim/Valentin, Friederike, Freiburg [3]1991.

Lorenzer, Alfred, Das Konzil der Buchhalter. Die Zerstörung der Sinnlichkeit, Frankfurt 1981.

Maegle, Ingrid (Hg.), Tanz als Weg der Verbindung mit dem Göttlichen, MS, Steißlingen [3]1989.
Mann, Frieder, Religiöse Erfahrungen im Tanz. Christlich-theologische Kritik und tanzpädagogische Möglichkeiten, (Staatsexamensarbeit) Tübingen 1989, unveröffentlicht.
Mauburnus, Johannes, Douai (Duaci), 1620.
Mertens, Alfred, Über die Wiederentdeckung einer erotischen Kultur, nach: Ruß, Rainer, Gott bei den Tänzern und Narren, Trier 1979.
Merton, Thomas, The Inner Experience. Notes on Contemplation, in: Ruhbach, Gerhard / Sudbrack, Josef, Christliche Mystik. Texte aus zwei Jahrtausenden, München 1989, 500–509.
Mezger, Werner, Narrenidee und Fastnachtsbrauch. Studien zum Fortleben des Mittelalters in der europäischen Festkultur, Konstanz 1991.

Nachtwei, Gerhard, Dialogische Unsterblichkeit, Erfurt 1986.
Nègre, Mireille, Ich tanze, Gott, für dich. Ein Glaubenszeugnis, Mainz [2]1986.
Neumann, Hans, Mechthild von Magdeburg: „Das fliessende Licht der Gottheit". Nach der Einsiedler Handschrift in kritischem Vergleich der gesamten Überlieferung, 2 Bde., Bd. I, Text, München 1990.

Ohm, Thomas, Die Gebetsgebärden der Völker und das Christentum, Leiden 1948.
Ortolan, T., Art. Danse, in: Bareille, G., Dictionnaire de Théologie Catholique, Bd. IV, Paris 1911, 107–135 (mit Danseurs).

Pahl, Irmgard, Gesten und Gebärden zum Vaterunser, in: Meurer, Wolfgang (Hg.), Volk Gottes auf dem Weg. Bewegungselemente im Gottesdienst, Mainz 1989, 83–86.
Pannenberg, Wolfhart, Christliche Spiritualität, Göttingen 1986.
Peter-Bolaender, Martina, Tanz und Imagination. Verwirklichung des Selbst im künstlerischen und pädagogisch-therapeutischen Prozeß, Paderborn 1992.

Rahner, Hugo, Der spielende Mensch, Einsiedeln 1952; [9]1983.
–, Symbole der Kirche. Die Ekklesiologie der Väter, Salzburg 1964.

–, Vom Sinn des Tanzens, in: GuL 38 (1965a), 7–13.

–, Ignatius von Loyola als Mensch und Theologe, Freiburg 1965b.

–, Der spielende Mensch, Sprecher: Christian Brückner. Grünewald-Sprechkassetten, Mainz 1988.

–, Griechische Mythen in christlicher Deutung, Basel 1995 (2. Auflage der Neuausgabe von 1984).

Rahner, Karl, Die ewige Bedeutung der Menschheit Jesu für unser Gottesverhältnis, in: GuL 26 (1953), 279–288.

–, Die Ignatianische Logik der existentiellen Erkenntnis. Über einige theologische Probleme in den Wahlregeln der Exerzitien des heiligen Ignatius; zuerst in: Wulf, Friedrich (Hg.), Ignatius von Loyola, Würzburg 1956, 345–405.

Reifenberg, Hermann, Fundamental-Liturgie. Grundelemente des christlichen Gottesdienstes, Wesen-Gestalt-Vollzug, Bd. 2, Klosterneuburg 1978.

Riesenhuber, Klaus, Zum Verständnis ungegenständlicher Meditation, Communio, IkZ 15 (1986), 320–329.

Rosenberg, Alfons, Die Welt im Feuer. Wandlungen meines Lebens, Freiburg 1983.

Ruh, Kurt, Geschichte der abendländischen Mystik II, München 1993.

Ruhbach, Gerhard/Sudbrack, Josef (Hg.), Christliche Mystik. Texte aus zwei Jahrtausenden, München 1989.

Ruß, Rainer (Hg.), Gott bei den Tänzern und Narren, Trier 1979.

Ruusbroec, Jan van, Die Zierde der geistlichen Hochzeit, Einsiedeln 1987.

Schimmel, Annemarie, Mystische Dimensionen des Islam, Aalen 1979.

Schjeldrup, K., Die Askese, Berlin 1928.

Schmidt, Margot, Mechthild von Magdeburg – „Ich tanze, wenn du mich führst", Freiburg 1988.

Schmidtchen, Gerhard, Was den Deutschen heilig ist. Religiöse und politische Strömungen in der Bundesrepublik Deutschland, München 1979.

Schneider, Waltraud, Getanztes Gebet. Vorschläge für Gottesdienste in Gemeinde und Gruppe, Freiburg 1986.

–, Lobt ihn mit Tanz. Neue Vorschläge für den Gottesdienst, Freiburg 1990.

Sequeira, A. Ronald, Spielende Liturgie. Bewegung neben Wort und Ton im Gottesdienst am Beispiel des Vaterunsers, Freiburg 1977.

–, Klassische indische Tanzkunst und christliche Verkündigung. Eine vergleichende religionsgeschichtlich-religionsphilosophische Studie (FThSt Bd. CIX), Freiburg 1978.

–, Gottesdienst als menschliche Ausdruckshaltung, in: Gottesdienst der Kirche, Handbuch der Liturgiewissenschaft, Teil 3, Gestalt des Gottesdienstes, Sprachliche und nichtsprachliche Ausdrucksformen, Regensburg 1987, 7–39.

Siegel, Elaine V., Tanztherapie. Seelische und körperliche Entwicklung im Spiegel der Bewegung. Ein psychoanalytisches Konzept, Stuttgart 1986.

Siewerth, Gustav, Metaphysik der Kindheit, Einsiedeln 1957.

Soltmann, Marie-Luise, Im Kreis um die kosmische Mitte. Meditatives Tanzen, Freiburg 1989.

Staehelin, Balthasar, Christus als Gottes Geist. Licht, Wort und Ordnung in jedem Menschen als Spitze des Kosmos, GuL 53 (1980), 320–434.

–, Urangst, Urvertrauen, Urglauben. Ein psychosomatischer Weg zur Heilung des modernen Menschen, in: GuL 56 (1983), 325–336.

Steffensky, Fulbert, Segnen – Gedanken zu einer Geste, in: Pastoraltheologie 82 (1993), 7–11.

Steiner, Rudolf, Eurhythmie. Die neue Bewegungskunst der Gegenwart, Dornach 1986.

Stiefel, Susanne, Im Tanz liegt ein Gebet. Die Ballettänzerin Christiane Schemann ging vor acht Jahren in ein Franziskanerinnenkloster. Sie tauschte das Glitzerleben gegen den Gottesdienst. Dt. Allg. Sonntagsblatt 20, 1994.

Stüber, W. J., Geschichte des Modern Dance. Zur Selbsterfahrung und Körperaneignung im modernen Tanztheater, Wilhelmshaven 1984.

Suchla, Walter, Pseudo-Dionysius-Areopagita. Die Namen Gottes, Stuttgart 1988.

Sudbrack, Josef, Zur religiösen Erfahrung des Tanzes. Texte und Anregungen, in: GuL 48 (1975), 388–394.

–, Worte sind Brücken. Hinführung zur Gedichtmeditation, Frankfurt 1977.

–, Verherrlicht Gott in eurem Leib. Bewegung und Leiberfahrung in der Liturgie, in: Gottesdienst 13 (1979a), 89–91.

–, Erfahrung einer Liebe. Teresa von Avilas Mystik als Begegnung mit Gott, Freiburg 1979b.

–, Auf der Suche nach einer vergessenen Gebetssprache. Das Ballett der Hamburger Staatsoper tanzt J.S. Bachs Matthäuspassion, in: GuL 54 (1981a) 67–69.

–, Geistliche Führung. Zur Frage nach dem Meister, dem geistlichen Begleiter und Gottes Geist, Freiburg 1981b.

–, Mystik im Dialog. Christliche Tradition, Ostasiatische Tradition, Vergessene Traditionen, Würzburg 1982a.

–, „Schließt Euch zusammen zum Reigen!" (Ps 118,27). Eine Aufforderung zum liturgischen Tanz, in: GuL 55 (1982b), 353–369.

–, Was heißt christlich meditieren? Wege zu euch selbst und zu Gottes Du, Freiburg 1986.

–, Neue Religiosität – Herausforderung für die Christen, Mainz 1987, [4]1990.

–, Eugen Drewermann – um die Menschlichkeit im Christentum, Würzburg [4]1992.

–, Der Grundansatz der Theologie Drewermanns – Ein Anliegen für das Christentum von morgen, in: Fürst, G. (Hg.), Brücken zu Eugen Drewermann? Vom Konflikt zur Sache, Rottenburg 1993a, 107–145.

–, Einführung in: Mc Ginn, Bernard/Meyendorff, John/Leclercq, Jean (Hg.), Geschichte der christlichen Spiritualität, Bd. I, Würzburg 1993b, 15–19.

–, Meditative Erfahrung – Quellgrund der Religionen?, Mainz/Stuttgart 1994.

–, Hildegard von Bingen: Schau der kosmischen Ganzheit, Würzburg 1995.

Tanz, Sabine/Werner, Ernst, Spätmittelalterliche Laienmentalitäten im Spiegel von Visionen, Offenbarungen und Prophezeiungen, Frankfurt 1993.

Thomas von Aquin, Opera Omnia, I–XXIV, Parma 1852–1873.

Ullmann, Basilius, Erleben im Mönchtum, Buxheim 1975.

Ventura, Michael, Vom Voodoo zum Walkman. Hear that long snake moan, Birkenau-Löhrbach 1989.

Vogler, Gereon, Was macht den Tanz sakral? Anthropologische und theologische Grundlagen sakralen Tanzes in kritischer Sicht, in: Vogler, Gereon (Hg.), Dokumentation „Heiliges Tanzen". Symposium zu Ursprüngen, Ausformungen, Entwicklungen und zur gegenwärtigen Praxis des Tanzes im Sakralen und Religiösen, Willich-Anrath 1991, 59–83.

–, Sakrales Tanzen – wie geht das? Zur Frage des Inhalts und einer möglichen Symbolhaftigkeit, in: Vogler, Gereon (Hg.), Der Tanz – eine vergessene Dimension der Liturgie. Dokumentation der 2. Mönchengladbacher Tagung zum sakralen Tanz, Willich-Anrath 1992a, 34–68.

–, Bibliographie Religiöser Tanz, Willich-Anrath 1992b.

Voss, Raphaele, Tanz in der Liturgie. Eine Einführung mit Beispielen, Freiburg 1989.

Wehr, Gerhard, Die deutsche Mystik. Mystische Erfahrung und theosophische Weltansicht, München 1988.

–, Der innere Christus. Zur Psychologie des Glaubens, Zürich 1993.

Weisung der Väter, Apophtegmata Patrum, eingeleitet und übersetzt von B. Müller, Freiburg 1965, hier zit. nach: Ruppert, Fidelis, Bete und arbeite, Münsterschwarzach 1982, 11.

Wenisch, Bernhard, Satanismus. Schwarze Messen – Dämonen – Hexenkulte, Mainz/Stuttgart [2]1989.

Wollmann, Gabriele, Tanzend Gott erfahren, in: Meditation 18 (1992), 146–150; Nachdruck: Tanzend Gott erfahren. Vom „Meditativen Tanzen" zur Christlichen Tanzmeditation, in: Christ in der Gegenwart 44 (1992), 397f.

Wosien, Bernhard, Der Weg des Tänzers. Selbsterfahrung durch Bewegung, hg. v. Maria-Gabriele Wosien, Linz 1988.

Wosien, Maria-Gabriele, Sacred Dance. Encounter with the Gods, London 1974; fr.: La danse sacrée, Paris 1974; dt.: Tanz im Angesicht der Götter, München 1985.

–, Sakraler Tanz. Der Reigen im Jahreskreis, München 1988.

–, Tanz als Gebet. Feiert Gottes Namen beim Reigen, Linz 1990.

–, Tanz. Symbole in Bewegung, Linz 1994.

Zehnpfund, Robert, Art. „Tanz", in: Realencyklopädie für protestantische Theologie und Kirche Bd.19, Leipzig 1907, 378–380.